上海东富龙科技股份有限公司
冻干系统方案提供商

Expertise In Pharmaceutical Industry
专业技术服务制药工业
科技提高人类健康生活

产品介绍：

- Laboratory freeze dryers (LYO-0.5 m^2 to LYO-1 m^2).
  实验型冻干机
- Pilot freeze dryers (LYO-2 m^2 to LYO-5 m^2).
  中式生产型冻干机
- Production freeze dryers (LYO-7.5 m^2 to LYO-20 m^2).
  工业生产型冻干机
- Mass-production freeze dryers (LYO-25 m^2 to LYO-50 m^2).
  大规模生产型冻干机

- Liquid Nitrogen (LN$_2$) Freeze Dryer
  (Collaborated with PRAXAIR)
  液氮制冷（与普莱克斯合作开发）

- Fixed Automatic Loading and Unloading System (Row-by-Row)
  固定式自动进出料系统
- Flexible Automatic Loading and Unloading System (AGV)
  移动式自动进出料系统
- API Automatic Loading and Unloading System
  原料药自动进出料系统

- Isolator System
  无菌隔离装置，工艺型隔离装置
- Equipment Qualification and Software Qualification.
  设备验证和软件验证

Freeze Drying System
www.tofflon.com

联系方式：
上海 闵行区 都会路 1509号 邮编： 201108
电 话: 21 64906201 传 真: 21 64906202
邮 件: sales@tofflon.com (销售) / servers@tofflon.com (服务)

Tofflon

Freeze Drying System
Expertise In Pharmaceutical Industry

Freeze Dryer | Barrier System | Auto Loading | Process Engineering

符合FDA/cGMP的个性化高标准冻干机
LYO-0.5m² ~ LYO-50m²

作为中高端型冻干机出场的主要提供商，根据现有需求分析，探索技术细腻发展，足以匹配您对整合设备的"灵魂"要求，希望您的技术品位。

无菌隔离器系统
oRABS / cRABS / ISOLATOR

- 无菌冻干制剂生产线隔离器系统
- 无菌散剂工艺操作应用
- 实验室应用
- 无菌传递方案应用

全自动进出料系统
AGV / RBR / Mixed / API

冻干机自动进出料系统适用于医药体灌装生产线和冻干机之间的装料工艺，以及冻干机和实罐机盘机生产线之间的脚料工艺，可实现整个生产线中西林瓶的连续传输动作，并可与无菌隔离系统完美结合以使产品始终处于相应的无菌洁净环境中。

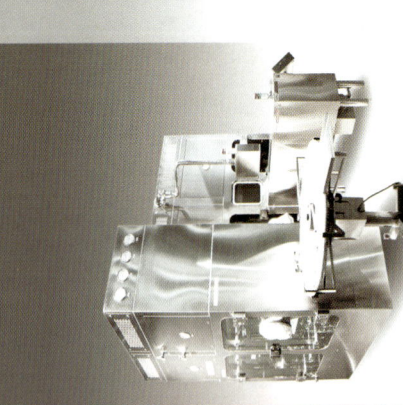

全自动配液系统
Pharma

- 配液各系统智能性在线自动检测
- 按品种设置的自动药液配制控制
- 配料系统全自动在线SIP控制
- 药液过滤器在线完整性自动测试

www.tofflon.com

上海东富龙科技股份有限公司
冻干系统方案提供商

上海市闵行区 都会路1509号 邮编: 201108 电话: 021 64906201 传真: 021 64906202
销售电话: 021 64906201-200/100, 销售传真: 021 54469978 邮件: sales@tofflon.com (销售)

SRD系列非PVC膜软袋大输液生产线

产能范围：2600～6500pcs/h
制袋规格：50～1000ml

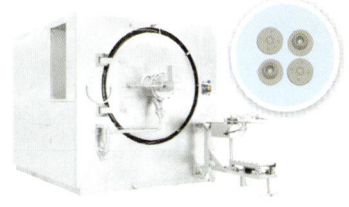

SWS系列胶塞清洗机

产能范围：2～20万支/批
有效装载容积：80～800L

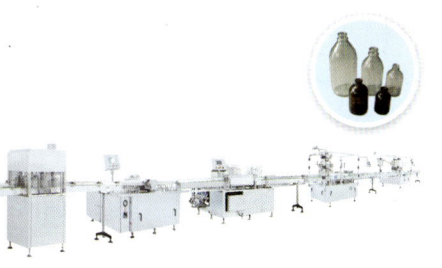

SLX50～500系列玻璃瓶大输液生产线

产能范围：1200～15000pcs/h
适应规格：50-500ml

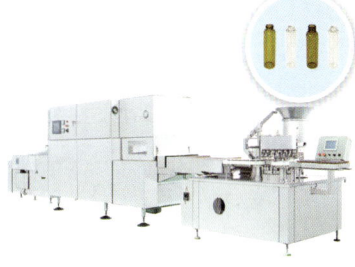

YLX系列口服液洗烘灌封联动线

产能范围：6000～24000pcs/h
适应规格：5～25ml

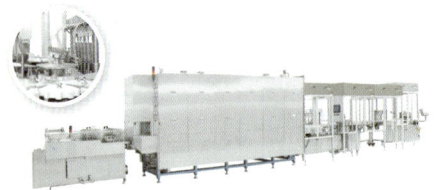

KLX2~20系列抗生素瓶洗烘灌封联动线

产能范围：6000～30000pcs/h

适应规格：2~30ml抗生素瓶

ALX1~20系列安瓿洗烘灌封联动线（L型、直线型

产能范围：8000～34000pcs/h

适应规格：1~20ml安瓿

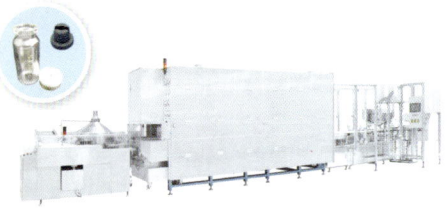

KLXF5~100系列抗生素瓶粉针分装洗烘灌封联动线

产能范围：6000～18000pcs/h

制袋规格：5~100ml抗生素瓶

AJDZ系列安瓿自动灯检机

产能范围：13000～42000pcs/h

适应规格：1~20ml安瓿

◎ 中国新版GMP标准实施响应最成功的企业，已有近70余家用户通过新版GMP标准认证（含审查公示
◎ 国家认定企业技术中心　　　　　　◎ 中国驰名商标　　　　　　　　　◎ 高新技术企业
◎ 全国五一劳动奖状单位　　　　　　◎ 中国优秀民营科技企业　　　　　◎ 国家重点新产品

电话：+86-731-8793 8222（55）　　　传真：+86-731-8793 8201　　　网址：www.truking.cn

2010年版 GMP 疑难问题解答

国家食品药品监督管理局高级研修学院 组织编写

天津出版传媒集团
天津科学技术出版社

图书在版编目（CIP）数据

2010年版GMP疑难问题解答/国家食品药品监督管理局高级研修学院 组织编写 . —天津：天津科学技术出版社，2012.11
ISBN 978-7-5308-7419-6

Ⅰ.①2… Ⅱ.①国… Ⅲ.①制药工业－质量管理－规范－中国－问题解答　Ⅳ.①F426.7-66

中国版本图书馆CIP数据核字（2012）第246613号

责任编辑：方 艳
责任印制：张军利

天津出版传媒集团

天津科学技术出版社出版
出版人：蔡颢
天津市西康路35号　邮编 300051
电话（022）23332400（编辑部）　23332393（发行部）
网址：www.tjkjcbs.com.cn
新华书店经销
北京金瀑印刷有限责任公司印刷

开本 787×1092　1/32　印张 9.5　字数 220 000
2012年11月第1版第1次印刷
定价：45.00元

编委会名单

主 编：王力

主 审：丁德海

编写人员（按姓氏笔划排列）：

丁德海　王　力　王守斌　王彦忠　王敦岚
文芳漪　牛建功　纪义波　刘树春　毕　军
吴生齐　吴　军　李玉基　张　秋　沈黎新
郑金旺　周爱兰　武永峰　郑效东　郭菊杰
柳　涛　顿　昕　唐　岳　梁立军　黄国儒
黄坤斌　曾凡云　谭宏宇　廖沈涵　衡　萍
樊路宏

目 录

序		1
第一章	总则	1
第二章	质量管理	5
第三章	机构与人员	9
第四章	厂房与设施	27
第五章	设备	55
第六章	物料与产品	73
第七章	确认与验证	113
第八章	文件管理	125
第九章	生产管理	149
第十章	质量控制与质量保证	165
第十一章	委托生产与委托检验	211
第十二章	产品发运与召回	215
第十三章	自检	219
第十四章	附则	221
附录1	无菌药品	225
附录2	原料药	265
附录3	生物制品	279
附录4	血液制品	283
附录5	中药制剂	287

序

《药品生产质量管理规范（2010年修订）》（以下简称"2010年版GMP"）自2011年1月17日颁布，并于2011年3月1日起正式施行，至今已有一年多了。为了配合2010年版GMP[①]的宣传教育及贯彻实施，国家食品药品监督管理局高级研修学院，专门组织了来自国内药品监督管理部门和药品生产企业、制药装备企业的数十名专家，完成了《2010年版GMP疑难问题解答》一书的编写工作。

从2011年3月开始，根据国家食品药品监督管理局的统一部署，国家食品药品监督管理局高级研修学院在全国范围内组织了30多期2010年版GMP的宣传教育和贯彻实施的培训班，对2010年版GMP的各项条款进行了细致解读。在培训的过程中，学员们根据各自的实际情况，提出了许多问题。针对学员们提出的这些具体问题，也为了能够更准确和有效地答疑解惑，自2011年7月以来，国家食品药品监督管理局高级研修学院克服各种困难，组织来自国内药品监督管理部门和药品生产企业、制药装备企业的数十名专家，召开了多次研讨会，对疑难问题进行认真的研讨和探究，寻求和确认规范、科学的解答方案，并在这一基础上，完成了本书的编撰。

这本书的体例分为：问题、答案和点评。其中问题几

---

① GMP：Good Manufacturing Practice 药品生产质量管理规范。

乎全部来自于各期培训班中学员们的提问——我们将每期培训班学员们提出的问题汇总、整理后，组织专家们逐条地进行了认真的分析讨论，又按类别提交给不同的专家进行审定，最后形成了答案，并对某些问题用点评的形式展开来解答。

我们希望本书的出版，能够对药品生产企业和制药装备企业的管理和生产技术人员、医药设计单位的技术人员以及药品监督行政管理人员和药品 GMP 检查员在实施 2010 年版 GMP 的过程中有所帮助，并能对各位在实施过程中遇到的具体问题能起到答疑解惑的作用。

本书所选用的问题基本上都是各期培训班上学员的提问，或许会有一定的片面性，有些问题也可能会显得浅显，但考虑到我国地域辽阔，经济发展水平不均衡，企业的管理水平会有一些差异，而学员们所提出的问题具有一定的针对性和区域代表性，所以我们在编写的过程中基本上都采用了这些问题。

《2010 年版 GMP 疑难问题解答》一书在编写的过程中，得到了江苏省食品药品监督管理局、广东省食品药品监督管理局、山东省食品药品监督管理局、天津市食品药品监督管理局和上海东富龙科技股份有限公司、长沙楚天科技有限公司等单位的大力支持和帮助，在此，我谨代表本书编写组对他们表示衷心的感谢！

由于时间仓促、水平有限，难免有错漏之处，恳请各位批评指正。

王力

2012 年 11 月

第一章 总则

第一章 总则

> 【第二条】企业应当建立药品质量管理体系。该体系应当涵盖影响药品质量的所有因素，包括确保药品质量符合预定用途的有组织、有计划的全部活动。
>
> 【第三条】本规范作为质量管理体系的一部分，是药品生产管理和质量控制的基本要求，旨在最大限度地降低药品生产过程中污染、交叉污染以及混淆、差错等风险，确保持续稳定地生产出符合预定用途和注册要求的药品。

◆问题1：企业该怎么执行，检查员该如何检查？质量风险管理是否每个文件都要涉及，大多数的行为、方法都需要进行风险评估？GMP检查时会不会检查这个系统，还是只检查GMP部分？企业是否只需要参照ISO9001[①]建立质量管理体系（QMS）？需要做ISO9001的认证吗？

答：质量管理体系是由若干内容组成的，如：人员、设备、环境、实验室检验、质量保证等。第二、第三条是原则，如果在检查中发现有违背上述原则的问题，可以认为企业没有建立质量管理体系或者没有建立完善的质量管理体系。

不一定每个文件都要进行风险评估，而是每一个生产和质量管理的文件都可以用质量风险评估来确定其有效性。

---

① "ISO" 是 "International Standards Organization" 的缩写，国际标准化组织。ISO9001 是 ISO9000 族标准所包括的一组质量管理体系核心标准之一，是国际标准化组织在 1994 年提出的概念，是指由 ISO/TC176（国际标准化组织质量管理和质量保证技术委员会）制定的国际标准。

企业在完全符合GMP的前提下可以按照ISO去建立公司的质量管理体系，但是不强制要求做ISO9001认证。

点评：尽管ISO体系与GMP体系有很多相同之处，但是两种体系的目标范围有所不同。GMP是针对制药企业而且是强制执行的法规文件，而ISO体系是不强制要求制药企业建立的。企业可以在执行GMP的过程中同时参考ISO体系，来充实、完善企业的质量管理体系。

◆**问题2**：质量活动所包含的具体范围有哪些？

答：与药品生产质量有关的所有活动。

点评：除日常质量管理外，质量活动还包含（但不限于以下方面）：制定质量方针、质量政策、质量策划、质量保证、质量控制、质量改进，包括审计、偏差管理、变更管理、生产管理（批记录、年度回顾）、现场管理、投诉、召回、印字包材的审核批准、产品释放、GMP自检、培训，供应商管理，不良反应报告和监测，质量标准、方法管理，环控、水系统监测，样品管理（取样、留样），稳定性管理，质量控制，验证管理，文件管理，对第三方的管理（委托生产、加工、第三方实验室等），法律法规的获取等。

第二章 质量管理

> 【第九条】质量保证系统应当确保：
> （八）每批产品经质量受权人批准后方可放行；

◆**问题3**：产品放行质量受权人是否可以转授权？特别是同一个公司、不同生产地址，产品放行的问题。

答：可以转授权，特别是同一个公司、不同生产地址的产品放行时。

点评：被授权人应具有与受权人在产品放行方面相同的资质，执行同样的释放流程。被授权人在产品释放时履行受权人的权利，受权人对被授权人的行为负责。被授权人应全面掌握产品生产的全部信息，对批生产、批包装及批检验记录进行全面审核，释放时应重点审核不符合事件、变更、验证等有变化信息。

> 【第十二条】质量控制的基本要求：
> （三）由经授权的人员按照规定的方法对原辅料、包装材料、中间产品、待包装产品和成品取样；

◆**问题4**：这里（指上面第十二条内容）经授权的人员可以是哪个部门的？我们是质量部门的人员，是否有授权书并经过培训上岗资质即可，而不只是由QA或QC执行取样？

答：应由质量部门的人员负责取样工作。取样人员要经过培训，并有书面文件指定，QA或QC人员均可。其中，生产过程的中间产品、待包装产品的中间控制取样，可以指定由生产人员承担，但必须按操作规程执行。

点评：质量部门对产品质量负责，对法规、GMP 执行情况负责，质量部门应依据法律、法规对企业 GMP 活动进行监督检查。按取样规则进行取样是质量部门的职责。

> 【第十三条】质量风险管理是在整个产品生命周期中采用前瞻或回顾的方式，对质量风险进行评估、控制、沟通、审核的系统过程。

◆**问题 5**：质量风险管理的基础是什么？您是否赞同完善的质量保证体系是进行风险管理的基础？

答：质量风险管理是质量管理体系的一部分，是开展全面质量管理的手段之一。完善的质量管理体系是质量风险管理的基础。

点评：质量风险管理是利用风险管理工具（如决策树、鱼骨图、失效模式与影响分析）对风险进行识别，根据科学知识及经验、历史数据对质量风险进行评估，依据风险等级制定不同的控制手段和方式，以保证产品质量。失效模式与影响分析 FMEA（Failure Mode Effect Analysis）可参见 ICH Q9[①]。

---

① ICH International Conference on Harmonization of Technical Requirements for Registration of Pharmaceuticals for Human Use，人用药物注册技术要求国际协调会，ICH 是由指导委员会、专家工作组和秘书处组成。秘书处设在日内瓦。ICH 文件分为质量、安全性、有效性和综合学科 4 类。Q9：质量风险管理。

第三章 机构与人员

> 【第十六条】企业应当建立与药品生产相适应的管理机构,并有组织机构图。企业应当设立独立的质量管理部门,履行质量保证和质量控制的职责。质量管理部门可以分别设立质量保证部门和质量控制部门。

◆**问题6**:在企业的组织机构图中,质量受权人应放在什么位置上?

答:与生产和质量负责人并列。

> 【第十七条】质量管理部门应当参与所有与质量有关的活动,负责审核所有与本规范有关的文件。质量管理部门人员不得将职责委托给其他部门的人员。

◆**问题7**:规范规定质量管理部门人员不得将职责委托给其他部门人员。请问是否允许质量部门授权生产部门进行中间控制的取样操作?

答:由生产人员所进行的中间控制取样,是生产控制环节的一部分,应该由生产人员承担,但必须按操作规程执行。

点评:取样是质量管理部门的职责,不得委托其他部门,但其他部门可以协助质量管理部门。如果问题所指的中控是生产控制环节的一部分,如取样测定中间体的片重、装量等本身就是生产的一部分,不存在委托的问题。

◆**问题8**:QA取样的职责、日常环境监测的职责,需要生产操作人员协助完成,这是否属于将职责委托呢?GMP规定了质量管理部门的职责,但又规定QA最好不进入无菌操作区域进行监控。我公司为非最终灭菌的疫苗企业，现在实行 QA 委托车间进行无菌取样，QA 进行监督取样，这样合理吗？还是所有质量管理的职责无论如何均不得委托？

答：可以协助，但不得委托。

◆**问题 9：**条款规定"质量管理部门人员不得将职责委托给其他部门的人员"，那么中间产品的取样可以授权给其他部门的人员吗？

答：由生产人员所进行的中间控制取样应当由生产人员承担，但必须按操作规程执行。

点评：取样是质量管理部门的职责，不得委托给其他部门。授权的原则是"授权不授责"。

◆**问题 10：**QA 对生产的监督是连续性的，还是间断性的？监督的范围除生产外，是否还包括收发料、检验过程等？从 GMP 认证的角度而言该监督是不是必须的？

答：QA 对所有 GMP 规定的环节的监督都是连续性的，而且是必须的。

【第十八条】企业应当配备足够数量并具有适当资质（含学历、培训和实践经验）的管理和操作人员，应当明确的规定每个部门和每个岗位的职责。岗位职责不得遗漏，交叉的职责应当有明确规定。每个人所承担的职责不应当过多。

所有人员应当明确并理解自己的职责，熟悉与其职责相关的要求，并接受必要的培训，包括上岗前培训和继续培训。

第三章 机构与人员

◆**问题 11**：生产管理人员有没有年龄上的限制？

答：没有具体规定，但要与其工作相适应。

点评：应遵守《劳动法》的相关规定。

◆**问题 12**："岗位职责不得遗漏，交叉的职责应当有明确规定"，如何理解？

答：每项工作要有人去做，交叉的职责应当有明确的书面说明。

点评：交叉的职责应当有明确规定，例如，审核和批准产品的工艺规程、操作规程等文件是生产管理负责人和质量管理负责人共同的职责，但是在审批文件中应明确生产管理负责人对文件中工艺、生产相关的内容负责，质量管理负责人对文件的法规符合性和审批流程负责。

【第十九条】职责通常不得委托给他人。确需委托的，其职责可委托给具有相当资质的指定人员。

◆**问题 13**：GMP 中"指定人员""专人"这些人员应有资质，应有书面的规定，如何理解？可否在职责中规定其大概的内容？这样就可以了吗？

答：GMP 中"指定人员""专人"等人员应有资质的书面规定，包括有学历，经培训具有相关的法规、专业及岗位知识，有一定的经验。其承担的工作岗位也应有书面确定，并相对固定。

点评：常见的操作是将对不同岗位的任职资质及要求写入岗位说明书，在培训体系中针对不同岗位明确培训需求、培训计划以及培训周期,并需考核。

◆**问题 14**:条款中多处提到"专人"及"专职人员",两种表述的具体类别及要求是什么?

答:没有实质性区别。"专人"及"专职人员"并不要求不得做其他工作。

> 【第二十条】关键人员应当为企业的全职人员,至少应当包括企业负责人、生产管理负责人、质量管理负责人和质量受权人。
> 　　质量管理负责人和生产管理负责人不得相互兼任。质量管理负责人和质量受权人可以兼任。应当制定操作规程确保质量受权人独立履行职责,不受企业负责人和其他人员的干扰。

◆**问题 15**:生产管理负责人与质量受权人可以兼任吗?企业负责人可以兼任质量受权人吗?

答:生产管理负责人与质量受权人不能兼任,不建议企业负责人兼任质量受权人。最好分设,形成合理的质量管理结构。

◆**问题 16**:2010 年版 GMP 中赋予 QA 的职责和权力不小,作用很大,但为什么未对 QA 的具体资质、学历、实践经验等作要求?

答:没有法定的要求不代表没有要求,应当由企业自行确定任职标准。主要确认其是否具有胜任工作的能力。

点评:常见的做法是将不同岗位的任职资质及要求写

入岗位说明书,在培训体系中针对QA岗位的要求明确培训需求、培训计划以及培训周期,QA上岗前应完成培训,经过相应的考核,取得由企业授予的上岗资质。

◆**问题17**:2010年版GMP"机构与人员"中仅规定生产负责人和质量负责人等关键人员的资质,而没有对QA/QC经理和生产车间主任等中层干部的人员资质做硬性规定,只是以"适当资质"笼统说明,这些人员的资质对保证产品质量也是具有决定性作用的。请问车间主任没有学历、没有职称,只有多年生产工作经验能符合GMP要求吗?

答:对QA/QC经理和生产车间主任等中层干部的人员资质要求没有硬性规定,企业应根据自身的实际需要和岗位的性质来确定对人员的学历、专业知识、工作经验以及培训的具体要求。

【第二十一条】**企业负责人**
企业负责人是药品质量的主要责任人,全面负责企业日常管理。为确保企业实现质量目标并按照本规范要求生产药品,企业负责人应当负责提供必要的资源,合理计划、组织和协调,保证质量管理部门独立履行其职责。

◆**问题18**:企业负责人是药品质量的主要负责人。请问企业负责人可以兼任生产负责人吗?

答:不推荐。

点评:企业负责人兼任生产负责人,间接造成生产负责人高于质量负责人;不推荐企业负责人兼任质量受权人,因企业负责人日常工作较多，难以认真履行好受权人的职责。

◆**问题19**：企业负责人只能是企业法人或总经理吗？股份公司的副总分管制药，能否是企业负责人？还是必须由总经理担任企业负责人？

答：许可证上载明的企业负责人是药品质量的主要责任人，可以不是企业法定代表人或总经理。通常情况下，由总经理担任企业负责人。

◆**问题20**：企业负责人下设两位副总，其中一位副总负责生产部、质量部、工程部；另一位副总负责研发部；前一位副总能否被认为是兼任质量和生产的负责人吗？若质量负责人为质量部经理，生产负责人为生产部经理，是否就可以了？

答：不可以，生产负责人和质量负责人只对企业负责人负责而不对副总负责。其中一位副总不可以既负责生产部又负责质量部，属于兼任生产负责人和质量负责人。若企业负责人下设两位副总，其中一位副总任质量负责人兼任质量部经理，另一位副总任生产负责人兼任生产部经理，是可以的。

◆**问题21**：企业设质量副厂长、生产副厂长，分别负责质量和生产工作，厂长管理质量副厂长和生产副厂长，可否？而厂长不是许可证上面写的负责人，这样可以吗？

答：可以。厂长不是许可证上面写的负责人，履行企业负责人的职责，应有书面委托。生产副厂长或质量副厂长必须按GMP规定，分别履行生产管理负责人或质量负责人的职责。

点评：企业法人可以委任、指派厂长作为企业的经营管理者。

【第二十三条】质量管理负责人

（一）资质：

质量管理负责人应当至少具有药学或相关专业本科学历（或中级专业技术职称或执业药师资格），具有至少五年从事药品生产和质量管理的实践经验，其中至少一年的药品质量管理经验，接受过与所生产产品相关的专业知识培训。

（二）主要职责：

1. 确保原辅料、包装材料、中间产品、待包装产品和成品符合经注册批准的要求和质量标准；

2. 确保在产品放行前完成对批记录的审核；

3. 确保完成所有必要的检验；

4. 批准质量标准、取样方法、检验方法和其他质量管理的操作规程；

5. 审核和批准所有与质量有关的变更；

6. 确保所有重大偏差和检验结果超标已经过调查并得到及时处理；

7. 批准并监督委托检验；

8. 监督厂房和设备的维护，以保持其良好的运行状态；

9. 确保完成各种必要的确认或验证工作，审核和批准确认或验证方案和报告；

10. 确保完成自检；

11. 评估和批准物料供应商；

> 12. 确保所有与产品质量有关的投诉已经过调查，并得到及时、正确的处理；
> 13. 确保完成产品的持续稳定性考察计划，提供稳定性考察的数据；
> 14. 确保完成产品质量回顾分析；
> 15. 确保质量控制和质量保证人员都已经过必要的上岗前培训和继续培训，并根据实际需要调整培训内容。

◆**问题 22**：质量管理负责人的十几项职责中，有些写"确保"，有些写"批准"，有些写"监督"等，这些该如何区别？是否只有"批准"的才强制要求质量负责人签字？对于"确保"和"监督"等职责，可否理解为只要有质量管理部门的 QA 人员参与签字等即可，而不需要一定由质量管理负责人签字？

答：质量管理负责人应履行"确保"和"监督"等管理的职责，并应有记录，包括必要的签字。

> 【第二十四条】生产管理负责人和质量管理负责人通常有下列共同的职责：
> （一）审核和批准产品的工艺规程、操作规程等文件；

◆**问题 23**：生产管理负责人和质量管理负责人通常情况下共同的职责有：审核和批准产品的工艺规程、操作规程等文件。问：审核和批准均由两个人吗？

答：一般情况下产品的工艺规程、操作规程等文件的审核由生产管理负责人承担；批准由质量管理负责人承担。

点评：交叉的职责应当有明确规定，例如，审核和批准产品的工艺规程、操作规程等文件是生产管理负责人和质量管理负责人共同的职责,但是在审批文件中应明确生产管理负责人对文件中工艺、生产相关的内容负责,质量管理负责人对文件的法规符合性和审批流程负责。

◆**问题24**:"生产管理负责人和质量管理负责人通常有下列共同职责"如何理解?

答:共同承担的职责,必须由两个人共同参与。

◆**问题25**:工艺规程是唯一的,其最终批准人应该也只能是一个人吧?那到底是生产管理负责人还是质量负责人批准?

答:都可以。共同批准也可以。

点评:最终批准人可以为质量负责人,也可以是生产管理负责人和质量管理负责人共同批准,无论最终批准人是谁,对于文件批准都应界定职责,生产负责人对文件的技术内容负责,质量负责人对文件的法规符合性和审批流程负责。

【第二十五条】**质量受权人**

(一)资质:

质量受权人应当至少具有药学或相关专业本科学历(或中级专业技术职称或执业药师资格),具有至少五年从事药品生产和质量管理的实践经验,从事过药品生产过程控制和质量检验工作。

质量受权人应当具有必要的专业理论知识,并经过与产品放行有关的培训,方能独立履行其职责。

(二) 主要职责：

1. 参与企业质量体系建立、内部自检、外部质量审计、验证以及药品不良反应报告、产品召回等质量管理活动；

2. 承担产品放行的职责，确保每批已放行产品的生产、检验均符合相关法规、药品注册要求和质量标准；

3. 在产品放行前，质量受权人必须按照上述第二项的要求出具产品放行审核记录，并纳入批记录。

◆**问题 26**：质量受权人要从事过质量检验工作。如果该人未从事过质量检验工作，应该如何处理？总不能停下现在工作去参加检验吧？培训是否能代替？

答：换成有资质的人。

点评：质量受权人在履行产品释放职责时须对批生产记录、验证、变更等相关内容审核，只有从事过药品生产工作，才能具备生产、过程控制的相关知识和经验，才能对产品生产过程是否符合释放条件作出判断，同样释放时还需对检验过程、检验结果进行审核才能判断检验过程和检验数据是否符合质量标准和释放条件。所以需要有质量检验工作的经验，不能用培训替代。

◆**问题 27**：企业的质量负责人、质量受权人不是同一个人，那么质量受权人的职责该如何划分？

答：质量受权人可以兼任质量负责人，两者可以为同一人。质量受权人、质量负责人也可以分设，为两个人，各自的职责按 2010 年版 GMP 的规定界定。

点评：质量负责人和质量受权人的资质要求有所不同。职责方面，质量负责人除履行产品释放这一职责外，其他职责完全能覆盖质量受权人的职责。如果质量负责人从事过药品生产过程控制和质量检验工作，符合受权人的条件，为了理顺工作流程，质量负责人和质量受权人可以为同一人。

◆**问题28**：质量受权人备案是否可以多备几个？

答：可以。

点评：多个符合资质要求的质量受权人可以同时备案，作为企业应明确每个质量受权人的职责范围以及相互备份的关系。企业也可以对符合要求的人员转授权。

◆**问题29**：成品的批放行能否由质量受权人转授权给质量部的负责人？

答：一般情况下，完全转授权是不合适的。特殊情况下可以。

点评：转受权人应具有与受权人在产品放行方面的相同资质，转受权人在产品释放时履行受权人的职责，执行同样的释放流程，转受权人应全面掌握产品生产的全部信息，对批生产记录进行全面审核，释放时应重点审核不符合事件、变更、验证等相关有变化的信息。

◆**问题30**："质量受权人职责"指的是什么？是生产过程中的中间控制吗？比如：每隔多久对在线生产的产品进行检查控制？

答：现场监控是质量管理人员。质量受权人不具体负责生产过程中的中间控制,其经历应包括从事过生产过程中的控制。

◆**问题 31**:中药饮片生产企业需不需要质量受权人?

答:中药饮片生产企业需要质量受权人。

点评:质量受权人是 GMP 对所有制药企业的要求,所有制药企业均应遵守 GMP。

◆**问题 32**:质量受权人有没有部门限制,能从生产管理部门中找人委任吗?

答:不可以,不符合立法本意。如果担任质量受权人,此人不能再是生产管理部门的人员了。

◆**问题 33**:2010 年版 GMP 中质量受权人对产品放行的职责可否完全转授权?因有些企业受权人很忙,存在完全转授权的情况,是否允许?

答:受权人的主要职责是产品放行,一般情况下,完全转授权是不合适的。特殊情况下,如受权人因出国、外出培训等情况,可以完全转授权。转受权人必须具备相应的资质。

【第二十六条】企业应当指定部门或专人负责培训管理工作,应当有经生产管理负责人或质量管理负责人审核或批准的培训方案或计划,培训记录应当予以保存。

◆**问题 34**:此条款是否可以理解为:只要生产管理负责人、质量管理负责人中其中一人同意即可?

答：一般情况是质量控制和质量保证人员的培训由质量管理负责人批准；生产相关人员的培训由生产管理负责人，或由生产管理负责人和质量管理负责人共同批准。

◆**问题35**："培训记录应当予以保存"。请问保存时限有何规定？

答：企业的培训记录应长期保存，个人的培训记录如涉及验证等规范要求长期保存的重要文件也应长期保存，因为验证等涉及人员培训，作为验证文件的一部分，记录必须长期保存，其他的个人培训记录至少保存至人员离职。

点评：个人的培训记录建议保存更长的时间，对于离职后重新聘用的人员其有效期内的培训可以继续认可。

> 【第三十六条】生产区、仓储区应当禁止吸烟和饮食，禁止存放食品、饮料、香烟和个人用药品等非生产用物品。

◆**问题36**：生产区如何划分？生产区，如更衣室、茶水间均设置在生产区内，也不能有非生产用物品吗？

答：生产区包括洁净生产区和非洁净生产区。可在休息区设置茶水间等，休息区不应和生产区直接连通。

◆**问题37**：洁净区人员喝水问题：可否在进入一更的缓冲室设喝水区？

答：不可以，功能不同。

点评：一般会在生产区设置休息室，在休息室内可以喝水。

【第三十七条】操作人员应当避免裸手直接接触药品、与药品直接接触的包装材料和设备表面。

◆**问题 38**：规范要求不得裸手直接接触药品、与药品直接接触的包装材料和设备表面，如果戴一次性手套，是否要求对手套建立监控标准？

答：是的。

点评：对于与药品直接接触的包装材料、手套、清洁用品等应建立相应的监控标准或控制手段，对物料实施监控，确保不对产品质量产生影响。

◆**问题 39**：有些操作（比如精细调整）戴着手套无法完成，这类调整在调整前对手进行消毒，然后再进行调整，是否可以？

答：非无菌操作可以，无菌操作不可以。

◆**问题 40**：在经消毒后的裸手操作后再对接触表面进行消毒，这样操作是否可以？

答：非无菌操作可以，无菌操作不可以，但应尽量避免裸手操作。

◆**问题 41**：操作人员应避免裸手接触药品，但是，在口服固体制剂的生产制作过程中，因原辅料每次来料有差异，制料要根据手感作适当调整，是否要戴手套？戴手套有时感知较差，该如何解决这种问题？

答：生产制作过程中控制原辅料的均一性和稳定性要靠参数控制，由质量控制检验室和过程控制来完成，而不是靠经验鉴别。原辅料每次来料都有差异，说明原辅料的供应商选择不当，应进行供应商的评估，调整供应商或要求供应商整改。

点评： 如果发现问题是由每次来料的差异造成的，应考虑原辅料的质量标准是否能满足工艺的要求，企业应根据工艺的要求制订物料的质量标准和限度。对于中间控制应制订合理的中控指标，如：粒度、水分、堆密度等。

第四章　厂房与设施

第四章 厂房与设施

【第四十二条】厂房应当有适当的照明、温度、湿度和通风,确保生产和贮存的产品质量以及相关设备性能不会直接或间接地受到影响。

◆**问题42**:企业洁净厂房空气洁净度环境参数的监测标准与依据是什么?如:温、湿度,1998年版GMP规定是18~26℃,2010年版没做详细规定,那么第三方在对洁净室进行洁净度级别检测时应采用何种标准?依据是什么?

答:企业自己确定。没有特殊要求的以18~26℃为准。

点评:对于温、湿度控制,2010年版GMP取消了温、湿度的控制范围,但是这并不意味着温、湿度可以不控制,企业应根据自身产品和工艺的特性制订适合的温、湿度控制范围。

【第四十四条】应当采取适当措施,防止未经批准人员的进入。生产、贮存和质量控制区不应当作为非本区工作人员的直接通道。

◆**问题43**:经过质控部的走廊进入技术夹层算不算将质量控制区作为其他人员的直接通道?

答:不可以经过质控部的走廊频繁进入技术夹层。因条件限制,进入频次较少,且有控制措施,也可以。

◆**问题44**:经分装间去轧盖间是否可以?

答:不可以。分装间不能成为进入轧盖间的通道。

【第四十六条】为降低污染和交叉污染的风险,厂房、生产设施和设备应当根据所生产药品的特性、工艺流程及相应洁净度级别要求合理设计、布局和使用，并符合下列要求：

（一）应当综合考虑药品的特性、工艺和预定用途等因素，确定厂房、生产设施和设备多产品共用的可行性，并有相应评估报告；

（二）生产特殊性质的药品，如高致敏性药品（如青霉素类）或生物制品（如卡介苗或其他用活性微生物制备而成的药品），必须采用专用和独立的厂房、生产设施和设备。青霉素类药品产尘量大的操作区域应当保持相对负压，排至室外的废气应当经过净化处理并符合要求，排风口应当远离其他空气净化系统的进风口；

（三）生产β-内酰胺结构类药品、性激素类避孕药品必须使用专用设施（如独立的空气净化系统）和设备，并与其他药品生产区严格分开；

（四）生产某些激素类、细胞毒性类、高活性化学药品应当使用专用设施（如独立的空气净化系统）和设备；特殊情况下，如采取特别防护措施并经过必要的验证，上述药品制剂则可通过阶段性生产方式共用同一生产设施和设备；

（五）用于上述第（二）、（三）、（四）项的空气净化系统，其排风应当经过净化处理；

（六）药品生产厂房不得用于生产对药品质量有不利影响的非药用产品。

◆问题45：这里的"生产"是否包括外包装过程（仅加包装盒和说明书）？如果只是性激素类药品的外包装是否需要独立的空气净化系统？其外包装生产车间是否必须与

其他生产区严格分开?(以上外包装仅指二级包装,与药品没有直接接触)

答:外包装也是生产的一个过程,通常情况下应分开。如果能确保产品在包装过程中一旦出现破损,产品不会飘散进入空调系统或污染其他产品和人,无需独立的空气净化系统。如果能有效地避免交叉污染或混淆,外包装生产车间无须与其他生产区严格分开,但必须有相应的物理间隔。

◆**问题46**:药品生产厂房不得用于生产对药品质量有不利影响的非药用产品,中药固体车间能否生产中药保健食品,即经过国家食品药品监督管理局批准的中药类保健食品能否委托通过GMP认证的中药类固体车间生产?

答:可以,但要经过中药保健食品管理部门批准同意后方可使用。

◆**问题47**:厂房、设施、设备多品种共用,需要进行评估,那么口服固体制剂多品种共用设备,需评估吗?

答:口服固体制剂也需要多品种共用的可行性评估。

点评:应通过清洁验证证实上一品种清洁结束后物料或产品残留、清洗剂残留、微生物水平等能满足下一品种和后续品种生产的要求。验证时可以针对不同品种API(药物活性成分)的活性和清洗的难易程度评估验证品种,通过对设备结构评估的确定验证点。

◆**问题48**:对厂房、设施、设备数个产品共用的评估,具体应怎样操作?

答：采用风险管理工具，选择毒性、溶解度差异大的品种进行风险评估，并制订和实施相应的风险控制措施，进行回顾分析，形成相应的风险管理报告。

点评：一般评估的方式是，通过清洁验证的方式对共用厂房、设施、设备的产品，依据产品的危害性和清洗程度的难易选定验证产品，制订合理的允许残留限度，确保不对其他产品带来交叉污染和危害。

◆**问题49**："生产某些激素、细胞毒性类、高活性化学药品应当使用专用设施和设备，特殊情况下，如采取特别防护措施并经过必要的验证，上述药品制剂则可通过阶段性生产方式共用同一生产设备和设施"，其中"特殊情况下"是指哪种情况？氢化可的松可以和其他制剂共用同一生产设施和设备吗？

答：应当使用专用设施和设备，"特殊情况"是指没有条件单独设置且采取特别防护措施并经过必要的验证证明可以共用的情况。是否可以共用不仅是针对品种而且是针对验证结果来确定。

◆**问题50**：非细胞毒性类抗肿瘤疫苗药品能否和普通药品共用同一条生产线？

答：可以。

◆**问题51**：公司现有小容量注射剂生产线两条，分别为化学药和抗肿瘤药，可否并成一条生产线？如合并，空调系统如何布置？配液灌、过滤管道、灌液设备是否可共用？

答：是否可以共线应考虑药品的特性、工艺和预定用途等因素，经过评估来确定共线的可行性，如果是细胞毒性类抗肿瘤药，按照2010年版GMP第四十六条执行。

◆**问题52**：配液区和器具清洗区以及配液的浓配和稀配设计在同一C级区域内，如何防止交叉污染？

答：防止污染和交叉污染比提高级别更重要。通常情况下，器具清洗区设在D级区，配液区依据不同的产品特性或配制工艺，设在D级或C级区。如果企业提高级别，造成相互污染的风险可能加大。

点评：各个功能不同的区域在设计时应充分考虑避免交叉污染，应贯彻"质量源于设计"（QBD Quality by Design）的理念，管理过程中应通过验证数据确定合理的工艺流程和工艺参数，制订合理的操作程序。浓配和稀配设计在同一C级区域内，如果物料生产环境的级别较低，可能对C级区域造成污染；配液区和器具清洗区设计在同一C级区域内，未清洗的器具可能污染配液区域，物料也可能污染已清洗的器具，所以配液区和器具清洗区应分室操作。清洗区未清洗、已清洗的区域应有控制和物理间隔，还可以通过气流方向、压差控制等防止污染、交叉污染。

◆**问题53**：非洁净控制区是否需要设置？

答：非洁净控制区这个提法不对。2010年版GMP把厂房分为生产区、仓储区、质量控制区、辅助区等。其中生产区分为洁净区、参照洁净区管理的一般生产区（如中药饮片经粉碎、过筛、混合后直接入药的上述操作的厂房）。洁净区分为A级、B级、C级、D级。我国一些企业引入了CNC区（受控不分级区）的理念，进出受控并且空气经过过滤，但不分级别。

点评：CNC区，Controlled/Not Classified，受控但不分级别，区域易于清洁，进出受控制并且空气经过过滤，如人员进入一般生产区需要更衣要控制，这个区域需要处于受控状态；再如废弃物出口、气锁间、洗瓶前瓶子准备间、工艺支持区等。

◆**问题54**：为什么规定最终灭菌产品与非最终灭菌产品的包装材料清洗、器具清洗和灭菌操作在D级条件下进行？

答：D级为规范的最低要求。分级设置，呈风险梯度，把低级别上升为高级别，前提为不应当给高级别带来影响。D级条件可以满足最终灭菌产品与非最终灭菌产品的包装材料清洗、器具清洗和灭菌操作的要求。

点评：防止污染和交叉污染不仅仅依靠净化级别来控制，更要依赖区域的划分来控制。

◆**问题55**：固体制剂车间多品种生产时，除洁净走廊保持正压防止交叉污染以外，是否还需要采取别的措施，比如加穿洁净服、设置气锁进行隔离等？

答：首先，根据GMP的条款，多品种共线需要作风险评估。其他措施有：可以增加前室，防止粉尘扩散，并多从设备选型考虑选择密闭生产或自带除尘装置的设备；捕尘设施，最好放在外面（放在房间里面，噪音很大）；用过的器具通过正压的洁净走廊转移至器具清洗间时，应放在密闭的容器内或塑料袋内，防止用过的器具的物料撒落在走廊上，引起交叉污染；生产结束，按经过验证的清洁标准操作规程，进行彻底清洁，并定期监测清洁效果，防止交叉污染。

点评：生产实践中应根据产品工艺的特性设置合理的控制手段，如果工作区域有产品、物料直接暴露、产尘作业等应穿戴相应的洁净服、口罩、手套等，同时还应考虑穿戴相应的个人防护设备。

◆**问题56**：关于洁净区（尤其是B级走廊）安全门的设置：消防部门对安全门的强制要求会对洁净区产生影响（很多地方消防部门对密封玻璃门作为安全门不认可）。

答：有可以被消防部门认可的玻璃门。

点评：针对问题的描述，消防部门的担心是在紧急情况下安全门是否可以方便的打开。除选择合适的安全门外，还可以选择合适的密封材料，确保发生危险时，安全门可以迅速打开。

◆**问题57**：有些激素类产品经过验证后可以和其他类别产品分阶段生产，指的是哪些产品？有没有明确的类别？普通类是否可以分阶段生产激素类？

答：可以。生产某些激素类产品是指性激素类避孕药品以外的激素，其生产时，应当使用专用设施（如独立的空气净化系统）和设备；特殊情况下，如采取特别防护措施并经过必要的验证，上述药品制剂则可通过阶段性生产方式共用同一生产设施和设备。

◆**问题58**：我公司现有"性激素类避孕药品"专用生产厂房，该产品属口服产品。依据需求在该厂房中生产另一种腔道用雌激素类产品，请问是否可以将两种药品在同一厂房内通过阶段性生产?

答：原则上不允许共线。

◆**问题 59**：激素类原料药（既有雄性激素，也有雌性激素）是否可共用同一条原料药生产线?

答：应符合 2010 年版 GMP 第四十六条（三）、（四）的规定，验证后确定。因其适应症相反，一般情况下是不允许的。

点评：应经验证确认产品间无相互影响，验证时至少应考虑物料、原料、微生物、生产环境不相互影响，清洁后的残留应符合规定。

◆**问题 60**：激素类药品的空气净化系统，其排风应当经过净化处理，中效过滤器能达到要求吗?

答：根据 WHO（World Health Organization，世界卫生组织）《药品 GMP 指南》，当生产有害物质如青霉素、激素、有毒药粉和酶时，终端过滤器应相当于 EN1822 过滤器标准中的 H12 级别的高效过滤器。

◆**问题 61**：疫苗生产有毒区排风在排出室外时该怎样处理? 如果在末端装有高效过滤器进行过滤，对于高效过滤器该怎么检测? 有无标准? 怎样规定更换周期?

答：①灭活处理。依据生物安全性以及相关技术规范处理。如采用高效过滤器处理的应定期进行灭活，并进行完整性测试。②按完整性测试标准。③根据测试结果来确定更换周期。

◆**问题62**：提取车间和制剂车间在一个建筑物内,但左右分开,企业想与物料共用一个电梯可以吗?

答：可以。

点评：共用设备、设施时应注意避免物料的抛洒、泄露,避免由于使用共用设备造成的交叉污染。

> 【第四十七条】生产区和贮存区应当有足够的空间,确保有序地存放设备、物料、中间产品、待包装产品和成品,避免不同产品或物料的混淆、交叉污染,避免生产或质量控制操作发生遗漏或差错。

◆**问题63**：中药材的配料与暂存物在同一个房间,没有物理隔离,是否可以?

答：空间应足够,各区域应有物理隔离。

点评：应当采用物理隔离,若采用标识管理应有相关程序规定、有效的培训和管理措施,确保能起到防止混淆的作用。

> 【第四十八条】应当根据药品品种、生产操作要求及外部环境状况等配置空调净化系统,使生产区有效通风,并有温度、湿度控制和空气净化过滤,保证药品的生产环境符合要求。
>
> 洁净区与非洁净区之间、不同级别洁净区之间的压差应当不低于10帕斯卡。必要时,相同洁净度级别的不同功能区域(操作间)之间也应当保持适当的压差梯度。

> 口服液体和固体制剂、腔道用药（含直肠用药）、表皮外用药品等非无菌制剂生产的暴露工序区域及其直接接触药品的包装材料最终处理的暴露工序区域，应当参照"无菌药品"附录中 D 级洁净区的要求设置，企业可根据产品的标准和特性对该区域采取适当的微生物监控措施。

◆**问题 64**：洁净区的压差是不是理解为从里到外至少要 40 Pa？但是企业目前很难达到，那此条如何理解？

答：依靠设计和施工单位解决，不一定要 40 Pa。

◆**问题 65**：相同洁净区不同功能区域之间的压差应当为多少合适？若无压差可以吗？

答：通常同一洁净区内走廊相对关键功能房间的压差为 5 Pa，但是非强制要求，对于关键功能房间建议安装压差计进行监控，对非关键房间可以采用飘绳流向方式测定。

◆**问题 66**：轧盖完成或灌装封口完成传出通道是通过缓冲还是加装层流送风传出？

答：如果是相邻级别不用加装层流，如果是 D 级和 B 级之间，应该加缓冲或者层流。因为压差过大有可能造成气流倒灌。

◆**问题 67**：B 级送风口和回风口的位置如何设定？

答：原则上是保证房间的换气次数和气流组织形式的要求，合理设置送、回风的位置和面积。B 级避免关键点出现涡流，应该在确定工艺设备后，再确定送风口和回风口的位置及面积等。

点评：一般遵循"顶送，侧下回"的原则。

◆**问题68**：洁净室换气次数的选定，是否依赖于经验数值？如何确定最佳换气次数，降低运行成本？

答：换气次数的确定来源于几个因素：抵消热能、保持洁净度的要求、进出风的平衡，这三个方面计算下来，找最大值来决定换气次数。

点评：1、在洁净度方面，换气次数与设定的自净时间有关，并可以通过计算得出。在附录1中，建议15～20分钟的自净时间；

2、不同的房间产尘量不同，换气次数肯定不同；

3、采用FFU[①]还有集中送风的形式，换气次数也不同。例如：FFU热量大，所以换气次数要高一些；

4、在无菌关键区域，企业更应当将关注重点放在保证正确的气流模型方面。在C、D级有涡流的话，影响不大，但在A、B级就影响很大。例如，要考虑A级送风对B级的影响，A级回风有两种形式，一种是回风墙，一种是回到B级。对于后一种，如果因设备局限，B级回风面积不够大，回风很容易对B级造成干扰；

5、一些组织与协会给出的建议值：

WHO建议值：B级40次，C级30次，D级20次。ISPE（International Society For Pharmaceutical Engineering，国际制药工程协会）建议值：B级40～60次，C级

---

① FFU：（Fan Filter Units）风机滤器单元，也就是将风机和过滤器（高效过滤器HEPA或超高效过滤器ULPA）组合在一起构成自身提供动力的末端净化设备。确切地说是一种自带动力、具有过滤功效的模块化的末端送风装置。

20~40次，D级20次。

◆**问题69**：洁净区和非洁净区之间，不同洁净级别之间的压差是指静态压差还是动态压差？

答：动态、静态都要符合（特别要关注在抽风装置开启时的压差）。

◆**问题70**：洁净厂房的压差梯度始终维持在10 Pa以上，则空气净化系统需要不间断地运行。但厂房基本上不可能不间断生产（尤其如冻干粉针剂车间），请问可否在不生产过程中设置值班风机或降低风机频率，以保持相对正压（但达不到10 Pa）？

答：对于无菌产品：①首先要有值班风机；②压力能够确保对周围低级别区域的保持相对正压；③除了保证设备运行以外还要保证它的值班状态；④温、湿度要保持；⑤经过验证证实符合生产要求；⑥确认自净时间。

点评：无菌药品生产的洁净区空气净化系统应当保持连续运行，维持相应的洁净度级别。因故停机再次开启空气净化系统，应当进行必要的测试以确保仍能达到规定的洁净度级别要求。

◆**问题71**：2010年版GMP对温、湿度有要求吗？相同洁净级别，产尘房间相对负压，压差应以多少为宜（GMP上写为"压差梯度"）？

答：企业应依据自身产品和工艺的特性制订适宜的温、湿度控制范围。对于产尘房间的压差，重要的是如何防止粉尘的扩散，企业应该关注的是硬件设备的技术革新，如备料采用层流除尘罩，尽量采用密闭的设备来转移粉尘物料等，对于具体的压差数值在防止粉尘扩散的前提下至少5 Pa。

点评：2010年版GMP对温、湿度没有明确的具体数值要求，但不是没有要求。洁净室的温度与相对湿度应与药品生产要求相适应，应保证药品的生产环境和操作人员的舒适度。总之考虑物料、产品要求，设备仪器、仪表防腐蚀、静电、潮湿，操作人员的舒适度、操作环境的微生物滋生等，来设置合适的温、湿度范围。

◆**问题72**：压差本身是一个不稳定的参数，10 Pa确实能够解决洁净度的问题，但由于压差的不稳定因素，此条是否应变为不低于1 Pa。

答：压差监测，本身也有误差，压差1 Pa不能保证高级别洁净区对低级别洁净区的正压。不低于10 Pa是国际通行的规定，也是GMP的规定，必须执行。

◆**问题73**：以冻干粉针洁净区为例，房间与走廊应采用何种气流压差梯度为宜？

答：冻干粉针操作间对走廊为正压。

点评：一般情况下高洁净等级的区域对低洁净等级的区域应保持正压。产尘对人体危害性高的区域对相邻的区域保持负压。

◆**问题74**：口服液体和固体制剂的洁净区级别应写成"D级"还是"十万级"？参照D级设置，具体的和十万级有哪些区别？需要固体制剂动态微生物监测吗？若需要，标准需要和D级一样吗？适当的微生物监控措施怎么定？

答：应写为"D级"，按照"D级"设置，不完全等同于"D级"。微生物动态需要监测，企业可根据产品的标准和特性，确定适当的微生物动态标准。

◆**问题 75：**生产洁净区域的走廊、清洗站、中间站等非生产功能间属于该条款中所说的暴露工序吗？

答：属于，应按D级设置。除非这些工序是全密闭转运的。

点评：生产洁净区域的走廊、清洗站、中间站等辅助区域如无洁净等级控制，对于非密闭的转运器具有潜在的污染风险，相对走廊为负压的生产区域风险更大，清洗站特别是对刚清洗完和清洗后的设备器具有污染的风险。

◆**问题 76：**口服固体制剂生产的暴露工序参照"无菌药品"附录中D级洁净区的要求设置，请问需要在洁净区设置工衣清洗吗？

答：应当设置在D级洁净区，并进行有效控制。不能设置在非洁净区。

◆**问题 77：**有关口服固体制剂洁净要求的问题，是否需要达到D级洁净区的要求？如果只是一个参照，那在洁净环境测试是依照什么标准？口服固体、液体制剂提取、清膏接收和直接接触药材粉碎的环境要求是什么？

答：①环境监测对于悬浮粒子只做静态测试，微生物动态测试的标准企业可依据产品的标准和特性自己制订。②提取清膏接收应和制剂洁净级别一致。③中药饮片经粉碎、过筛、混合后直接入药的，上述操作的厂房应当能够密闭，有良好的通风、除尘等设施，人员、物料进出及生产操作应当参照洁净区管理。

◆**问题78**：口服固体制剂的空气净化系统，在不生产期间停运。在生产前的一定时间开启，并经过验证，该时间段可以达到自净，这种做法是否符合GMP要求？

答：可以，但要考虑中间产品放置的问题，如：温、湿度。尤其是中间站应能保持正压及相应的温、湿度。

◆**问题79**：规范规定，口服液体等非无菌制剂生产的暴露工序区域应当参照"无菌药品"附录中D级洁净区的要求设置，按此规定，口服液体制剂的化糖间也应按D级洁净区要求设置。化糖过程产热、产湿量大，直接排尽比较困难，不利于洁净区的环境控制管理。是否可以通过风险评估的方式来确认其合理性？（将口服液体制剂化糖工序置于非洁净区，化糖后直接通过管道输入洁净区配料罐。注：输送时过滤、配制后再过滤。已如此布局生产好几年，中间品、成品未出现过不合格案例）

答：不可以。

点评：化糖过程产热、产湿的问题可以通过使用相应的设备解决（比如，罐体封闭，避免湿气扩散等方式解决）。中间品、成品未出现过不合格案例不代表没有问题，合格的产品是生产出来的不是检验出来的，只有过程合格才能保证产品合格。

◆**问题80**：喷雾干燥设备位于非洁净区，收粉时可否采用侧送风层流保护？

答：采用侧送风层流保护不可以。收粉时必须在洁净区内完成。

◆**问题81**：企业洁净厂房中环境参数的参照标准是什么?进行第三方完全洁净度级别检测时,是否应监测环境参数?如:温度、湿度、换气次数、送风量等,如需要监测,依据是什么?按企业内控标准还是按洁净室检测的国标?或ISO14644?

答：应当检测环境参数,依据标准为ISO14644。

◆**问题82**：能否用一台空调系统给不同级别区域（C级、D级）送风（我们车间为注射液车间、老车间)?

答：可以,但应综合考虑,考虑不同区域的风量平衡、回风利用效率以及温、湿度控制的实现等。

点评：原则上只要洁净等级能保证就可以,但是具体操作中压差很难控制。

◆**问题83**：对于普通固体制药车间（非无菌）的环境监测中微生物项目到底该如何进行?是否需要动态监测?合格标准与无菌制剂D级区的要求是否一致?

答：企业应根据风险评估,由企业确定浮游菌、沉降菌动态监测的频次和指标。

【**第五十一条**】排水设施应当大小适宜,并安装防止倒灌的装置。应当尽可能避免明沟排水,不可避免时,明沟宜浅,以方便清洁和消毒。

◆**问题84**：地漏如果用消毒液密封,如何确认其有效性（有效期）？

答：与消毒剂的有效期一样。

点评：可以通过周期性地对地漏密封的消毒液灭菌效能验证来证实其有效期。

◆**问题85**：环境清洁时打开地漏，清洁地漏内部，然后液封地漏。打开地漏的操作是否污染洁净区环境？

答：打开可以，应充分考虑环境污染。最好打开时不使地漏与非洁净区连通，置换式更换消毒液。无菌药品操作区应当采用置换式更换消毒液。

点评：一般在无生产相关作业的时候清洁地漏，清洁完成应当按程序对相关区域进行清洁消毒，避免造成生产环境的污染。

【第五十二条】制剂的原辅料称量通常应当在专门设计的称量室内进行。

◆**问题86**："专门设计"的称量室在规范上有什么具体要求？专门的措施是指什么？

答：如何防止污染和交叉污染是考虑的主要因素，一般采用单向流。

点评：称量室一般采用层流罩设计，材质应易于清洁，如不锈钢。

◆**问题87**：称量过程中是否所有物料都要在不同操作间进行？对于所用物料种类较多的产品该如何操作才能更

有效提高效率？

答：没有具体要求，原则上是防止污染和交叉污染。同一产品、同一批号使用的物料可以在一个操作间内进行称量，否则需进行彻底清洁后再进行下一个批号所需物料的称量。

点评：不同物料可以在不同时间段使用同一称量室称量，但切换物料时应彻底清洁。称量同一产品的不同物料之间可以按照"小清场"的程序执行，也可以同时称量用于多批次产品生产的同一物料，减少清洁、转运时间，提高效率。

◆**问题88**：称量室设置在仓库还是在生产洁净车间内，未脱外包的物料是否能进入生产洁净区吗？

答：库房和洁净区均可，未脱外包但已清洁的可以进入非无菌药品生产的洁净区，通常情况下应脱外包。

点评：称量室的空气洁净度级别应当与生产要求一致，对于进入洁净区的包装应保持清洁，并注意包装材料不得有掉屑、产尘、有异味等，不得影响生产环境、生产工艺、产品质量。

◆**问题89**：设置专门的称量间，如果不在生产洁净区内，称量分装的物料能从仓储区再送入生产洁净区吗？

答：可以，称量间的洁净级别应与生产环境的洁净级别一致，称量后装盛在密闭容器内，规定转运方式，并有进入洁净区的清洁程序。

点评：称量后的物料包装应满足生产要求，外包装在转运过程中应能够有效地保护物料，避免受到影响和污染，同时外包装也不得污染、影响生产环境。

◆**问题 90**：活性炭称量与普通物料称量可以都在层流下操作吗？用不用单独设置活性炭称量台（室）？

答：可以。

点评：活性炭称量与普通物料称量可以都在层流下操作，但是考虑到活性炭难以清洁，建议单独设置活性炭称量台。

【第五十三条】产尘操作间（如干燥物料或产品的取样、称量、混合、包装等操作间）应当保持相对负压或采取专门的措施，防止粉尘扩散，避免交叉污染并便于清洁。

◆**问题 91**：称量物料时用排风扇将粉尘直接排出室外可以吗？还是必须用百级层流方式？

答：直排不可以，但也不是一定要有百级层流。称量或配料间应有单向流，以保护产品和操作人员，一般通过烟雾试验确认是否为单向流。至于级别，至少应当与生产环境的要求相一致。

点评：称量室的空气洁净度级别应当与生产要求一致，具体级别可根据企业所生产的产品和工艺确定。用排风扇将粉尘直接排除室外的设计无法保证生产环境的洁净，不符合安全和环境的要求。

◆**问题 92**：产尘操作间（取样、称量、粉碎、混合等）防止粉尘扩散的措施，是否需要房间空气直排并保持相对负压与设置除尘设备,或者二者采取其中一种方法即可?

答:负压和除尘装置一定要有,除尘装置的形式和直排要依据产品特性而定。

◆**问题93**:称量间(D级)一定要有捕尘装置吗?

答:应采用有除尘功能、单向流的称量设施,而不是捕尘设备。

◆**问题94**:可最终灭菌的注射剂车间、称量间安装有捕尘罩,是否符合2010年版GMP要求?

答:风险较大。

点评:称量间宜使用单向流;如装有捕尘罩,除尘管道的设计应考虑有足够的传送速度,以确保将粉尘带走而不至于让其沉积在管道内;应根据粉尘的密度确定所需的传送速度,不同物料的密度可能不同,传送速度就有所不同,要考虑传送速度的调节。

◆**问题95**:在层流下称量,据我们所知,层流下天平读数不稳,这个问题如何解决?单独设置称量室并保证负压,可否?

答:①从技术上讲,层流不会影响天平的读数,层流下天平读数不稳,是设备选型不当或调试不当造成的。②从GMP要求讲,产尘操作区应设置成负压控制,层流技术是形成负压控制的方法之一。我们鼓励采用更好的方法来避免交叉污染。

点评:如果层流符合要求,可以制作合适的外罩在读数时罩住天平，也可以购买带罩、门的天平。

【第五十四条】用于药品包装的厂房或区域应当合理设计和布局，以避免混淆或交叉污染。如同一区域内有数条包装线，应当有隔离措施。

◆问题96：穿越不同级别生产线连接处的隔离采用何种措施较好？

答：开口尽量小，并用压差监控。

点评：压差较大的一般采用缓冲间的方式进行过渡、控制，以防止涡流。还应考虑开口两侧的洁净级别不同，采取措施也不同。

【第五十五条】生产区应当有适度的照明，目视操作区域的照明应当满足操作要求。

◆问题97："目视操作区域"如何理解？目视操作的区域指的是什么？

答：用眼睛观察的操作区域。

点评：2010年版GMP取消了1998年版对照度的具体规定，目的是使企业可以根据产品及工艺特性确定适合的照度标准。一般主要工作区域不低于300lx[①]，例如：对于需观察性状、颜色、粒度的区域的照度，以正常视力的操作人员可以正确识别的照度为宜，对于灯检工序可以依据灯检设备的要求确定照度，也可使用标准样品的方式使该

---

① 勒克司lux，法定符号为lx，照度单位。

岗位员工都能准确地识别异物的照度为标准。具体照度要求可以参考《医药洁净厂房设计规范》国标执行。

> **【第五十六条】** 生产区内可设中间控制区域，但中间控制操作不得给药品带来质量风险。

◆**问题 98**：制剂生产过程的控制操作，一般在专用操作间中单独进行，像胶囊分装、片剂压片等控制装量的，能否在生产线（同一房间）的旁边，进行这种简单的检测？

答：可以。

点评：在生产现场进行过程控制时应注意控制检验样品，对于受检验过程影响无法确保产品质量的样品应按废品或不合格品处理，避免混入正常产品。

◆**问题 99**：中控室肯定是在生产区内，与生产共用空调系统，是否可以理解为在中控室做物理检查是可以的？但如果做内毒素、血凝效果是否也是可以（以上两项为活性检定）？

答：中间控制是指用于生产过程调控的检验，内毒素、血凝效果不属于生产过程的调控。

◆**问题 100**：洁净区环境监测的准备和培养能否在生产区内中间控制区进行？

答：都不允许。洁净区环境监测用培养基终端灭菌或预培养应在化验室完成，不能在生产区内中间控制区进行。

点评：洁净区环境监测的准备和培养应在实验室完成，培养过程中可能会有微生物生长，易对生产环境造成不良影响。《中华人民共和国药典》（以下简称《中国药典》）(2010年版)要求：用于环境监控的培养基须特别防护，最好应为双层包装和终端灭菌，如果不能采用终端灭菌的培养基，那么在使用前应同时进行100%的预培养以防止将外来的污染物带到环境中以及避免出现假阳性结果。

【第五十七条】仓储区应当有足够的空间，确保有序存放待验、合格、不合格、退货或召回的原辅料、包装材料、中间产品、待包装产品和成品等各类物料和产品。

◆问题101：库房物料是否可以不按原辅料、包材分区存放？可否只满足原辅料、包材严格分开即可？

答：不需要分区存放。应按品种、按批号分开存放，便于搬运存放并能有效地防止污染或交叉污染。

【第五十八条】仓储区的设计和建造应当确保良好的仓储条件，并有通风和照明设施。仓储区应当能够满足物料或产品的贮存条件（如温度、湿度、避光）和安全贮存的要求，并进行检查和监控。

◆问题102：仓储区、常温库，我个人认为不用连续监测温、湿度，对于有特殊要求的物料应该用连续措施，如果只存于纸箱内，连续监测温、湿度的意义何在？

答：库房的管理主要考虑的是物料的养护，如果是纸箱的专用库房则不需要连续监控。原辅料常温库可以定期监控，提倡连续监控。

◆问题103：物料及产品的贮存条件中的温度是执行药

典标准吗？如常温：药典指10～30℃，《药品经营质量管理规定》(GSP)规定为0～30℃，是否都可以采用？

答：应该执行《中国药典》的标准。

点评：除特殊物料或特殊制剂外，通常情况低温对物料或产品质量不会产生不良影响，对于液体物料、制剂应考虑冰冻、解冻对其质量和包装的影响，如有必要应进行冷冻试验，考察证实。

◆**问题104**：物料产品的储存条件方面：物料的常温控制与产、成品的温度控制条件一样吗？若物料的常温控制≤30℃，则要求太高了，生产厂家也不具备此条件，作为使用单位控制大宗类原料≤30℃储存非常困难。

答：应按物料质量标准规定的贮存条件贮存。

【第五十九条】高活性的物料或产品以及印刷包装材料应当贮存于安全的区域。

◆**问题105**：印刷包装材料还需要专人、专库管理吗？

答：库房的管理本身就应该是专人、专库。印刷包装材料应该是限制进入，即未经许可不得进入。

点评：印刷包材应严格控制做平衡管理，避免混淆，对于废弃、残次品等印刷包材也应严格控制，销毁时一般在QA监控下采用合适的方式进行销毁，避免流失。

【第六十二条】通常应当有单独的物料取样区。取样区的空气洁净度级别应当与生产要求一致。如在其他区域或采用其他方式取样，应当能够防止污染或交叉污染。

◆**问题106**：生产普通口服固体制剂的企业，物料取样区是否可以采用取样车取样的方式？中药企业应该考虑它的特殊性。作为中药生产企业，辅料用量很少，还需要设置单独的取样间吗？用取样车可以吗？

答：非无菌药品的物料可以。但采用取样车取样，应有单独的房间，以利于防止污染和交叉污染。

点评：取样车可以是一种选择方式，但取样车应满足第六十二条规定的要求。取样环境的空气洁净度级别应当与生产要求一致，应当能够防止污染或交叉污染。

【第六十三条】质量控制实验室通常应当与生产区分开。生物检定、微生物和放射性同位素的实验室还应当彼此分开

◆**问题107**：质量控制设置的阳性检测和菌种传代可以设在同一房间吗？

答：可以。

点评：阳性检测室和菌种传代可以用同一房间，只要设置符合要求的生物安全柜或隔离柜，实验室的空气流向符合要求，有程序保证能彻底清洁、消毒即可。

【第六十四条】实验室的设计应当确保其适用于预定用途，并能够避免混淆和交叉污染，应当有足够的区域用于样品处置、留样和稳定性考察样品的存放以及记录的保存。

◆**问题108**：无菌检验的级别必须是B+A级吗？药典

要求的是 C+A，但是 GMP 要求与生产环境一致，如何做？

答：C+A 即可。

点评：检验相关的要求可依据药典执行。也可以与生产环境一致，即 B+A 级。

◆**问题 109**：QC 微生物、无菌检验的超净工作台的背景级别，以及超净工作台下的洁净级别如何描述？

答：背景为 C 级，工作台为 A 级。

> 【第六十八条】休息室的设置不应当对生产区、仓储区和质量控制区造成不良影响。

◆**问题 110**：生产区内如何设置休息区？是否一定要进行完全隔离（原料药合成区）？

答：应有单独的房间，还要考虑不得对洁净区造成不良影响。

点评：对于生产区内设置休息区，除需考虑不对洁净区造成不良影响外，还应考虑安全、职业健康的问题，不得对员工造成危害。

第五章 设备

第五章 设备

> 【第七十一条】设备的设计、选型、安装、改造和维护必须符合预定用途,应当尽可能降低产生污染、交叉污染、混淆和差错的风险,便于操作、清洁、维护,以及必要时进行的消毒或灭菌。

◆问题111:我公司需进行纯化水微生物限度检查和沉降菌检测,为此需建立微生物室,请问灭菌设备一定要用双扉吗?

答:对此没有强制要求。

◆问题112:结晶液的分离设备用敞口容器吗?

答:结晶液的分离设备的选型应依据产品工艺的需要,尽可能采用密闭生产的方式。采用敞口容器时应注意防止污染和交叉污染。

◆问题113:配液的定容问题一直困扰着我们,以前采用的是玻璃液体计(连通器原理),但死角不易清洁;后改为压力式传感器,但使用的效果很不好,锅盖上稍有一点压力后,显示就不准确;还有不同密度的液体,定容体积也有误差,如何解决这个问题?

答:根据产品剂量的精度要求、配液的容量、校验的可操作性、清洁与灭菌操作的可实现性等因素选择合适的配液定容方法。常采用重量法、使用地秤或称重模块等方法替代玻璃液体计、压力式传感器等方法。

◆问题114:在分装粉针生产线设计中,目前国内的做法是"一拖二、一拖三、一拖五",即1条洗瓶、烘瓶线后接2台、3台、5台粉针分装机,就把一个批次分成了几个亚批；输送空瓶和压塞瓶的轨道有交叉；造成 A/B 级区较大，气流组织的均一性难以保证。但如果按欧美国家一对一的做法，我国大部分分装粉针都是抗生素，出厂价较低，成本过不去，这个矛盾很突出，设计院和生产厂都非常为难。

答： 不赞成"一拖几"的做法，如果要这么做，要有充分的验证数据来证明。

点评：

1、很多是串联设计，轨道会出现交叉，从而出现上下交叉，碎瓶渣，玻璃屑，摩擦的颗粒等会向下进入下面的瓶子；

2、"一拖几"的设计往往需要使用较大的隧道烘箱，例如 1200 瓶/分钟，加大了对烘箱的加热系统、洁净系统的压力，需要进行更详细的热分布试验；

3、若验证不充分，导致烘箱内的温度不均匀，可能使局部温度过高，从而导致破瓶，所产生的碎玻璃对连续生产及产品可见异物产生不良影响；

4、温度过高还会造成密封垫老化，甚至完全熔化，进入产品当中；

5、只要是隧道式烘箱，过滤材料就会产尘，从而在隧道中无法实现 A 级，尤其是 $5\mu m$ 的粒子容易不合格；

6、"一拖几"的设计，会造成瓶子在轨道上停留的时间很长，风险增加；

7、由于这种"一拖几"的生产线通常用于抗生素粉针的生产，抗生素又抑菌，微生物监测无法发现问题，只能通过加强中间控制及环境的微生物监测来监控；

8、如果一台设备发生故障，维修会给整个系统带来风险。

◆**问题 115**：旧式冻干机（即手动上料柜），是否满足 2010 年版 GMP 的要求？

答：手动上料风险较大。无菌生产不仅仅应该关注物料转移，还应关注无菌工艺操作、环境控制、设备清洗与灭菌、无菌操作行为与培训、净化空气流型等因素。

◆**问题 116**：小容量注射剂的洗烘灌联动线中隧道烘箱的高效过滤器，现有许多都无法进行 PAO（气溶胶）检测（没有预留验证口），更换设备是可以符合 2010 年版 GMP 的要求，但如在现有设备条件下，可采取其他什么方法，使隧道烘箱符合 2010 看版要求？

答：现有设备可以通过改造来满足 PAO 检测的要求。

点评：也可以制作一个模拟环境，将高效过滤器在模拟环境下验证。

> 【第七十七条】设备所用的润滑剂、冷却剂等不得对药品或容器造成污染，应当尽可能使用食用级或级别相当的润滑剂。

◆**问题 117**：不与药品直接接触的地方是否可以不采用食品级滑润油，如液体灌装机传动部分？

答：可以。液体灌装机传动部分使用的润滑剂不得因泄露对产品造成污染。如润滑剂的泄露有对产品污染的风险，应采用食用级滑润油。

◆**问题 118**：生产设备料液搅拌缸上部减速箱里面的润

滑油，有可能顺着搅拌轴漏进料缸，但设备采用了防漏装置（防漏油导流槽），如减速箱漏油，通过导流槽流到缸外，以上情况是否还必须用食用级的润滑油？

答：不允许润滑剂、冷却剂进入料液，如果有泄漏可能的要用食用级的润滑油。

点评：使用防漏装置应确保其有效性，同时应及时检查导出润滑油不得泄漏、污染其他物料、产品和生产环境。即使使用了食用级的润滑油，一旦泄漏进入产品、物料也应按偏差流程处理。

> 【第八十一条】经改造或重大维修的设备应当进行再确认，符合要求后方可用于生产。

◆**问题 119**：化验室的仪器维修后是否要进行重新验证？如 HPLC（High Performance Liquid Chromatography，高效液相色谱）更换氘灯或电路板、修理进样器。

答：需要重新确认。

点评：维修、更换关键部件需要针对影响部分重新确认。更换氘灯需要校验；换电路板视其功能而定，如果是主板需要确认；修理进样器需进行功能测试和校验。

◆**问题 120**：此条款中重大维修涵盖哪些？是重要部件更换还是设备结构变化或其他？

答：主要考虑的因素是是否可能改变了验证状态。经风险评估识别出关键部件、控制系统和设备结构等发生了影响药品质量的改变则一定要再确认。

点评：大修后，输入值、输出值、显示的范围等是否还一致，不一致就是重大变化。如纯化水反渗膜的更换，假如更换的不是原厂产品，首次出水的电导范围及指示压力都发生了较大改变，此种情形应视为要重新确认。

◆**问题 121**：再确认是否与设备再验证一样？还是需从 URS（用户需求标准）、IQ（安装现状检查）、OQ（设备运行参数检查测试）、DQ（设计确认）、PQ（与工艺匹配性测试评估）各部分按序进行验证？

答：设备确认通常四个阶段 DQ、IQ、OQ、PQ。如果是现有设备，针对实际现状进行确认，确认程序是 IQ、OQ、PQ；如对现有设备的改造，评估已经有的 URS，必要时要进行修改补充或制定 URS，进行四阶段确认。

> 【第八十五条】已清洁的生产设备应当在清洁、干燥的条件下存放。

◆**问题 122**：是不是意味着一定要清洗完毕就马上烘干？采用空调加大通风干燥方式是否符合此条？

答：物品应该在清洗后干燥，干燥后再存放。干燥可采用压缩空气吹干、烘干、通风等方式，不推荐采取空调加大通风干燥方式。空调加大通风干燥方式耗时长，干燥效果不理想。

点评：清洗完毕的设备应及时干燥，以防微生物滋生以及水或溶剂、清洗剂对设备的腐蚀、氧化，干燥一般采用烘干、压缩空气吹干的方式。通过通风的方式干燥，应考察干燥的时间较长造成的不良影响。

◆**问题123**：设备洁净后干燥保存可以减少微生物的滋生，请问有什么方法可以，用于口服液体制剂密闭管路的干燥？

答：根据工艺需要决定是否需要干燥。如需干燥的，可采用经过滤的压缩空气吹干。

◆**问题124**：小件的清洁及生产用具的干燥，我们用吹风机吹干，可以吗？

答：不得采用吹风机吹干，直接接触产品的设备内表面，易产生悬浮粒子。可采用洁净的压缩空气吹干。

> 【第八十六条】用于药品生产或检验的设备和仪器，应当有使用日志，记录内容包括使用、清洁、维护和维修情况以及日期、时间、所生产及检验的药品名称、规格和批号等。

◆**问题125**：设备使用日志就是设备使用记录吗？

答：不仅是使用记录，使用日志强调的是能够按时间追溯，采用日志方式连续记录设备的使用、清洁、维护和维修情况以及日期、时间、所生产及检验的药品名称、规格和批号。企业可根据自身的设备管理方式来设计记录方式。设备使用日志比设备使用记录内容更广泛。

◆**问题126**：每台设备都必须填设备使用日志吗？还是只要填写关键设备？如空压机是否需要填写？

答："用于药品生产或检验的设备和仪器"都要求有设备使用日志，而其他设备应根据其使用目的确定是否需要建立使用日志。空压机应写，特别是制备直接接触药品的压缩空气的压缩机。

点评：关键设备应该建立使用日志，记录设备的运行、维修保养、校验等信息便于设备管理和追溯查询。

> 【第八十七条】生产设备应当有明显的状态标识，标明设备编号和内容物（如名称、规格、批号）；没有内容物的应当标明清洁状态。

◆**问题127**：生产设备应有状态标识，未提到检验设备的状态标识管理，是否可以只对异常状态给予标识？如"故障""报废"，不用标明其"运行"或"清洁待用"等。

答：检验设备一般情况只需标识"校准"状态，不用标明其"运行"或"清洁待用"等。"停用""故障""报废"应标明。

点评：检验设备应标明校准期间和状态。如果是限制使用的，对限制范围应予以明确标识；如果设备在校准期间发生故障、偏离应贴"禁用"标示。设备因为各种原因长期停止使用的应贴"停用"标示。

> 【第九十条】应当按照操作规程和校准计划定期对生产和检验用衡器、量具、仪表、记录和控制设备以及仪器进行校准和检查，并保存相关记录。校准的量程范围应当涵盖实际生产和检验的使用范围。

◆**问题128**：如何理解"校准的量程范围应当涵盖实际生产和检验的使用范围"？是指生产前的校准还是定期校准。

答：定期校准。

点评：设备的使用范围可能超出企业的实际使用范围，执行校准时仅需考虑覆盖企业的使用范围不必覆盖设备自身的使用范围，此要求针对的是定期校验，企业可根据自身情况确立使用前的校准范围或校准点。

◆**问题129**：关于校验，是否需要对仪器进行相应分类，以便采取不同级别的控制，并通过不同标签予以识别？一些容量瓶、试管、滴定管的校验由企业高级化验员负责校验是否可以？

答：通常情况下，企业根据校验仪器的重要程度将其进行分类管理。

> 【第九十一条】应当确保生产和检验使用的关键衡器、量具、仪表、记录和控制设备以及仪器经过校准，所得出的数据准确、可靠。

◆**问题130**：较大不锈钢罐的称重系统在每次使用前进行校"零"，算不算校准？如不算，每次都要用砝码去校准吗？用多大的砝码去校？

答：对较大不锈钢罐的称重系统应该通过定期确认来确认其称量的准确性，日常可以通过校零进行校准。

点评：日常使用可通过先在罐内放入一定量的水，通过称重系统称重，然后将水放出称量其重量，进行复核校准。复核重量的选取应根据罐的大小、工艺要求的精度确定，也可进行多点复核。

◆**问题131**：对于检验仪器及天平，是不是每次使用都需要校准？校准后可以有一定周期吗？

答：应依据企业的校准管理要求确定校验频次和方法。通常情况下天平要求每天或每次使用前进行校准。

点评：天平作为精密仪器易受外界影响，同时称量数据是后续实验的基础，称量数据的准确性至关重要，所以除周期性的校验外至少需要进行日校，以复核天平的准确性，日校还可以及时发现天平的故障，减少追溯、调查区间和工作量。如果设备保持开机状态且状态稳定，可以仅进行日校。以下实验室设备通常需要日校：pH计、密度仪、紫外分光光度仪、红外等。其他设备是通过系统适用性检查每次使用状态，如：HPLC、气相色谱仪、水分滴定仪等。

> **【第九十二条】**应当使用计量标准器具进行校准，且所用计量标准器具应当符合国家有关规定。校准记录应当标明所用计量标准器具的名称、编号、校准有效期和计量合格证明编号，确保记录的可追溯性。

◆**问题132**：化验室玻璃量具的校验，自己企业可以进行吗？

答：对于非国家强制检定的玻璃器具，企业可以自行根据制定的校验规程进行，对于已经列入国家计量法规中强制检定的玻璃器具必须由外部有资质的计量单位进行校验，如：省市级的计量院、计量所。

点评：企业可以依据国家计量管理法规建立计量校准

管理体系，对计量员进行培训和考核，颁发上岗证，完成校验工作。

◆**问题 133**：企业是否可以购买标准计量器具，自行校验计量器具？

答：按照计量法规，需要强检的送法定计量部门校验。非强检的企业可以自行校验，所用标准计量器具应送外部校验。

点评：按照计量法规，需要强制检定的需送法定计量部门校验，非强制检定的企业可以自行校验，所用标准计量器具应当送法定计量部门校验。企业可以依据参照国家计量管理法规建立校准管理体系，对员工进行培训和考核，颁发上岗证，完成校验工作。

【第九十三条】衡器、量具、仪表、用于记录和控制的设备以及仪器应当有明显的标识，标明其校准有效期。

◆**问题 134**：在设备部分提到的校验标示，红色和绿色两种颜色用在设备的什么时间？绿色和白色标识使用时的区别是什么？

答：企业自定。通常情况下，红色表示不合格，绿色表示合格，白色一般表示准予使用。

点评：红色一般标示不合格、禁用等禁止性信息，绿色标示合格、正常、安全等信息，对需校验的设备表示在校验周期内正常使用时设备的显示准确可信，白色一般表示准予使用，表示设备、仪表仅用显示并不要求准确，贴白色标示的设备一般可以不进行周期性校验，例如一些显示液位的 U 形联通管，仅用于粗略显示是否有液体和大概的液位，浮子式流量计仅显示有流量或粗略的流量。

> **【第九十五条】** 在生产、包装、仓储过程中使用自动或电子设备的，应当按照操作规程定期进行校准和检查，确保其操作功能正常。校准和检查应当有相应的记录。

◆**问题 135**：规范中说到的自动或电子设备的校准和检查，在实际情况中会遇到一些不好拆装的装备，比如由 PLC（Programmable Logic Controller，可编程逻辑控制器）控制的温度，或由一些温度模块控制的，这一类仪器可否用其他的比对法？

答：可以采用比对法，还可以采用定期的设备确认、工艺验证等方法来评价不可拆卸的仪器仪表的准确性。这些方法都应建立相应的 SOP，并且相关人员应经过培训。

> **【第九十六条】** 制药用水应当适合其用途，并符合《中华人民共和国药典》的质量标准及相关要求。制药用水至少应当采用饮用水。

◆**问题 136**：口服中药制剂的用水可否使用饮用水？

答：中药材的前处理和提取可以用饮用水。口服中药的制剂生产用水应为纯化水。

◆**问题 137**：口服中药制剂使用纯化水的话，电导率应为多少？

答：执行《中国药典》的规定。

【第九十七条】水处理设备及其输送系统的设计、安装、运行和维护应当确保制药用水达到设定的质量标准。水处理设备的运行不得超出其设计能力。

◆问题138：集团内部共用的水系统分别供应两个公司，是否两个公司都需要验证？

答：是。因为至少管路是不同的。集团内部共用的水系统验证必须包括两个公司的所有储罐、管路及用水点。

点评：子系统需要分别验证。

【第九十九条】纯化水、注射用水的制备、贮存和分配应当能够防止微生物的滋生。纯化水可采用循环，注射用水可采用70℃以上保温循环。

◆问题139：如果注射用水不采用70℃以上保温循环，应如何证明其可行性？用验证可以吗？是否通过21天的验证证明其在常温下循环，且水质符合质量要求即可？

答：可以，采取的其他方法要能够防止微生物的滋生，并经过验证。但还是建议采用规范确定的方法。

点评：GMP规定采用70℃以上保温循环是经过研究和实践得出的，低于70℃保温循环，水质不合格的风险很大，所以不推荐使用。

◆问题140：若生产不能连续，期间停产一个月，纯化水罐不存水可以吗？

答：可以。

点评：水系统及纯化水罐停用期间应排空，再次使用前应彻底消毒灭菌，检验合格后方可继续用于生产。

◆**问题141**：80℃以上易产生铁锈红，那条款中70℃以上，不包括80℃吗？还是"70℃以上"？是否可以理解为"70~80℃"？

答：控制在超过70℃的水平即可，不宜采用接近80℃的温度。

◆**问题142**：制药用水（注射用水）采用了70℃循环保温，是否可以有效抑制微生物的生长繁殖？日常监测中微生物控制频次是否可以适当减少？

答：监测的频次可以根据验证和日常监测结果来确定。

点评：必须有完整的验证数据支持以及风险分析、风险评估、风险控制手段，同时还应回顾历史数据，合理确定控制频次。

◆**问题143**：注射用水可采用70℃以上保温循环。问题是：这是一个技术标准，但是写在规范里，是不是可以认为只要达到了70℃以上保温循环，注射用水系统就可以不进行验证了？

答：不对，70℃以上保温循环只是手段之一，不能保证其他环节，所以不能替代验证。

◆**问题144**：对于注射用水系统，现在要求采用70℃以上保温循环，是否表示85℃以上保温存储不能采用（仅针对储罐采用85℃以上保温）。

答：通常情况下应采用通行的70℃以上保温循环，如果采用85℃以上保温存储等其他方式应经过验证。

点评：一般采用70℃以上运行的较多，温度越高运行成本就越高，企业应综合考虑。

◆**问题145**：制水系统的纯净水和注射用水，用紫外线消毒等方法是否可行？若不行，应该用什么方法消毒？

答：紫外线消毒方法对抑制水系统中的微生物负荷有一定作用。但仅用紫外线消毒不可行，可采用巴氏、过氧化氢、臭氧等方法。对注射用水、制水及分配系统推荐采用纯蒸汽灭菌或过热水消毒方式。

【第一百条】应当对制药用水及原水的水质进行定期监测，并有相应的记录。

◆**问题146**：对原水水质进行定期监测，是企业自己检测吗？如果是，检测哪些指标呢？

答：企业自己定期检测，自行制订内控标准。定期监测主要是为了观测水质的变化情况，以避免对饮用水的生产带来不利影响。

◆**问题147**：如果饮用水直接用自来水是否不要求定期检测？

答：要求定期监测。

点评：一般检测周期为每季度一次。

◆**问题148**：蒸馏水机出口的水是否检测？

答:需要。

点评:蒸馏水机出口的水应检测,虽然蒸馏水机出口的水微生物指标风险可能不大,但是,理化指标受到的影响应通过验证和监控予以确认,如:电导率、重金属、不挥发物等指标可能会受到设备、环境的影响。

> 【第一百零一条】应当按照操作规程对纯化水、注射用水管道进行清洗消毒,并有相关记录。发现制药用水微生物污染达到警戒限度、纠偏限度时应当按照操作规程处理。

◆**问题149**:制药用水微生物污染达到警戒限度时,应当按照操作规程处理。请问警戒限度、纠偏限度的具体数值如何确定?

答:警戒限度根据验证和日常监测数据设置,纠偏限度可以依据法规标准制定。警戒限度和纠偏限度不同于工艺参数和产品规格标准,只用于系统的监控;警戒限度和纠偏限度应建立在工艺和产品规格标准的范围之内;超出警戒限度并不一定意味已危及产品质量,达到警戒限度,应密切关注水系统的工艺参数,进一步严格执行操作规程,增加监控频率,不必采取纠偏措施。

第六章 物料与产品

第六章 物料与产品

> 【第一百零二条】药品生产所用的原辅料、与药品直接接触的包装材料应当符合相应的质量标准。药品上直接印字所用油墨应当符合食用标准要求。
> 进口原辅料应当符合国家相关的进口管理规定。

◆**问题150**：属于药品管理的体外诊断试剂，直接接触药品的包装瓶（进口玻璃瓶）一定要有《药包材注册证》吗？

答：一定要有。属于药品管理的体外诊断试剂要有《药品注册证》，直接接触药品的包装瓶（进口玻璃瓶）一定要有《药包材注册证》。

点评：对于进口的内包装材料应符合国家批准的进口注册标准质量的要求。

◆**问题151**：物料、原辅料、包材是否应按相应的质量标准进行全项检验？企业是否可以建立项目少于法定标准的内控标准对每批物料进行全项检查？

答：原料和辅料必须全检，药品内包装材料和容器企业可根据自身情况和对产品的影响程度自行制定内控标准，同时索取药品内包装材料和容器生产企业的出厂检验报告书和型式报告书。

◆**问题152**：物料质量标准是否都必须包括物料包装、印刷包装材料的实样或样稿？换言之，原辅料内包材是否在制定质量标准时附上定点供应商印刷包装物的实样或样稿？

答：是。

◆问题153：注射剂用的药用辅料没有国家批准文号怎么解决？能否采用食品级辅料然后按药品标准检验合格就可行？

答：应执行注册申报时核准的标准和规格。

点评：可以采用食品级的物料，应按批准的标准和规格进行控制。

◆问题154：目前包糖衣用的一些色素是食用标准，在检测（进厂检测）时是否可以选项进行检测？

答：不可以。色素是辅料，应全项检验。

◆问题155：制剂用辅料，如无国家文号和省级文号，是否可用食用级？如可用需申报吗？是否一定要由药检所检验？

答：可以使用食用级的物料。制定标准时可以参考中国药典、行业标准、工艺需求以及其他国家的药典。如已经注册批准应按批准的标准和规格进行控制，国产物料可自行检验。

> **【第一百零三条】** 应当建立物料和产品的操作规程，确保物料和产品的正确接收、贮存、发放、使用和发运，防止污染、交叉污染、混淆和差错。
>
> 物料和产品的处理应当按照操作规程或工艺规程执行，并有记录。

◆问题156：中药制剂的原料按饮片投料，我们是否可以理解为饮片可以不必完全按照中国药典中饮片的要求，不一定非得切那么薄。我们目前在生产中也用到中药材，在生产投料前只做了挑拣和清洗，也没有切段（药材本身就不长，且一直这么生产了几十年），这个情况符合要求吗？

答：可以。

点评：在中国药典第三十二条规定：除另有规定外，凡饮片均照本版药典规定的相应方法炮制；制剂中使用的饮片规格，应符合相应品种实际工艺的要求。本版药典规定的饮片规格，系指临床配方使用的饮片规格。制剂处方中的药量，系指正文（制法）项规定的切碎、破碎或粉碎后的药量。生产中使用的中药材，根据工艺需要，生产投料前只做了挑拣和清洗，没有切段，应视为生产用的中药饮片，这种情况符合要求。

【第一百零四条】物料供应商的确定及变更应当进行质量评估，并经质量管理部门批准后方可采购。

◆**问题157**：新增物料供应商时，在试验阶段是否办理变更？

答：1、涉及法规要求的变更，试验结束后再申请办理变更。

2、企业内部变更，按企业内部变更管理程序执行。

◆**问题158**：关于原料药供应商：如果供应商因故停产，且GMP证书已过期，还能否购买其证书到期前生产的原料？

答：可以

◆**问题159**：集团内企业已对物料提供商进行审计的，集团内其他企业可否直接使用其审计结果和报告？

答：不一定，根据企业使用物料的属性、产品的属性不同视情况而定。

点评：如果集团内企业对物料的用途和要求一致，审计时对物料生产商按照同一标准或高于需求的标准对物料生产商进行审计和考核，审计结果和报告可以共享。例如，按无菌制剂的要求对物料生产商进行审计，且质量标准不低于无菌制剂的可以共用结果，或按片剂标准进行审计可以用于集团内其他片剂生产厂。其他企业也必须保存供应商进行审计的资料（可以是复印件或可控的电子文档）。

> 【第一百零五条】物料和产品的运输应当能够满足其保证质量的要求，对运输有特殊要求的，其运输条件应当予以确认。

◆**问题160**：运输过程的验证怎么做？

答：简单地说，按正常的运输、包装条件下，用温、湿度记录仪等仪器证实整个运输过程的条件满足产品的要求，并通过稳定性实验数据进行评价。

点评：运输验证应考虑产品运输过程中可能出现的最差情况，一般至少应考虑最长运输时间；最高、最低运输温度对产品的影响，同时可根据产品特性考察运输过程中产品是否有泄漏、破损等影响产品质量的因素。

◆**问题161**：该条明确了对储运条件有特殊要求的物料和产品，但是对于30℃以下储存的产品（成品），在夏天运输过程会超过30℃，像此类药品还需对运输条件确认吗？另外对运输条件的确认以什么方式体现合适？

答：需要。对运输条件进行评估。

点评：对运输条件进行评估是通过运输验证来实现的，简单地说，就是按正常的运输、包装条件下，用温、湿度记录仪等仪器证实整个运输过程的条件满足产品的要求。对于出现的短时间的背离可以通过长期、加速稳定性数据予以评估。

◆**问题162**：2~8℃保存的产品，如企业有加速实验数据，短期常温运输对产品质量无影响，可以不用冷链吗？

答：不可以，必须在冷链条件下运输。

点评：冷链条件运输时出现的短时间背离按偏差处理。可用加速实验数据评估，但不允许直接用常温运输条件运输。

◆**问题163**：物料和产品厂外的运输过程如何控制？

答：企业要有管理程序。根据物料、产品特性对运输的装载方式、温度控制、运输工具、路线选择等因素综合考虑。

◆**问题164**：运输条件是否与贮存条件一致？

答：运输条件应当满足储存条件。

点评：运输条件应满足储存条件，如果在运输途中出现了偏离，可以依据相应的稳定性数据进行评估，确定偏离对产品的影响。

◆**问题 165**：产品规定储存条件为阴凉处，在运输过程中是否必须采取措施将运输温度控制在 20℃以下？

答：在不影响产品质量的情况下，运输过程中的温度可以在 20℃以上，需要有相应的稳定性数据作为支持，必须采取必要的控制措施。

点评：运输过程中的温度是否可以在 20℃以上，温度可以偏离多长时间，最大可偏离的温度上限，这些都需要有相应稳定性数据作为支持。同时可以通过运输验证证实在最恶劣条件下产品可能经受的最大温度变化和时间长短，结合稳定性数据做合理的判断。

◆**问题 166**：疫苗的运输条件如何监控？

答：疫苗产品的冷链运输，应该配备全过程连续温度记录装置，由接收方在验收产品时对运输过程的温度记录结果进行确认。

点评：依据《中国药典》三部的要求，生物制品贮存温度通常为 2～8℃，运输过程需注意快速、冷链、防冻结，因此疫苗产品的运输应采用适当的保温（或控温）措施，且需经过最差条件验证，并建议对运输过程配备连续温度记录装置，记载每一发运单位的温度变化情况，由接收方在验收产品时对运输过程的温度记录结果进行确认，发运单位也应对此结果定期进行评估。

【第一百零六条】原辅料、与药品直接接触的包装材料和印刷包装材料的接收应当有操作规程，所有到货物料均应当检查，以确保与订单一致，并确认供应商已经质量管理部门批准。

> 物料的外包装应当有标签，并注明规定的信息。必要时，还应当进行清洁，发现外包装损坏或其他可能影响物料质量的问题，应当向质量管理部门报告并进行调查和记录。
>
> 每次接收均应当有记录，内容包括：
> （一）交货单和包装容器上所注物料的名称；
> （二）企业内部所用物料名称和（或）代码；
> （三）接收日期；
> （四）供应商和生产商（如不同）的名称；
> （五）供应商和生产商（如不同）标识的批号；
> （六）接收总量和包装容器数量；
> （七）接收后企业指定的批号或流水号；
> （八）有关说明（如包装状况）。

◆**问题167**：请明确"物料的外包装应当有标签，并注明规定的信息"的意思。

答：推荐应该在双方的质量协议中约定，通常包括：品名、规格、生产厂家批号、编码、采用标准、制造商、生产日期、生产箱号等信息。原料药的标签应当注明药品名称、贮藏条件、生产日期、产品批号、有效期、执行标准、批准文号、生产企业，同时还需注明包装数量以及运输注意事项等必要内容。与第一百六十四条中的所附"印刷包装材料的实样或样稿"上的信息一致，便于核对。

◆**问题168**：在物料接收时企业可否不再自行制订该物料的批号？即就使用供应商提供的批号？

答：不可以。企业制订的编号/批号更具有唯一性。

点评：实际操作中企业不同时期的两次订货、两次到货可能为同一生产厂的同一批号，如果企业不制订自己的入库（接收）序号，容易造成物料状态等的混淆和不可追溯，也不便于管理。

> **【第一百零七条】** 物料接收和成品生产后应当及时按照待验管理，直至放行。

◆**问题 169**：待验物料贮存是否需要单独的隔离区？

答：普通物料不需要，但要有措施保证待验物料不会和其他物料混淆。有特殊要求的物料需要采取有效的隔离措施。

点评：待验物料还可以使用管理软件控制、标签、标识控制，限制人员进入等多种方式。

> **【第一百零八条】** 物料和产品应当根据其性质有序分批贮存和周转，发放及发运应当符合先进先出和近效期先出的原则。

◆**问题 170**：原料药在发放时，前一批剩 10kg，客户要一个批次的 30kg，只能发后一批次，做不到先进先出。客户在质量标准中有要求，我们只能挑一些符合客户要求的先发，但这些产品都符合本厂的质量内控标准，这种情况如何处理？

答：对于产品发货先进先出是主要的指导原则，客户有特殊要求（数量、质量要求）可依合同要求执行，但应在质量管理程序中予以明确规定。

> 【第一百零九条】使用计算机化仓储管理的,应当有相应的操作规程,防止因系统故障、停机等特殊情况而造成物料和产品的混淆和差错。
>
> 使用完全计算机化仓储管理系统进行识别的,物料、产品等相关信息可不必以书面可读的方式标出。

◆**问题 171**:对于物料管理,很多企业采用电脑系统管理(ERP/SAP),对于这点在 2010 年版 GMP 中没有明确的指导?

答:原则是一样的。计算机系统应经过验证。

点评:计算机系统验证应证实软件的准确性、完整性、可靠性、安全性以及可追溯性。

◆**问题 172**:请解释"完全计算机化仓储管理系统"的定义,"完全"是否指"ERP"等管理系统?

答:"ERP"管理系统可以实现"完全"。"完全计算机化仓储管理系统"指的是物流状态、信息采集、采购、入库、检验、验收、放行、领用、质量信息、追溯信息全部采用封闭的计算机系统管理的系统。

◆**问题 173**:物料及产品的出入库记录可以在电脑上用电子表格进行吗(定期打印纸质文本归档保存)?

答:如果是计算机化的系统这样做是可以的,否则不行。

点评:电子表格要经过验证证实其真实性和受控性以及权限控制,对于删除功能应严格控制并需在程序中明确批准，任何更改均需要有明确的可追溯记录。

> 【第一百一十条】应当制定相应的操作规程，采取核对或检验等适当措施，确认每一包装内的原辅料正确无误。

◆**问题 174**：此条中"核对"理解成对标签上物料名称、批号、生产厂家等的核对，正确否？如核对后信息全部符合要求，则可确认为每一包装内的原辅料正确，无需再进行检测，正确否？

答：要做到每个最小包装核对无误，首先依据对供应商的审计和日常管理，对不同供应商的不同物料确定合理的控制原则和控制手段，其次是采用以下两种方法进行确认。可以核对标签上的物料名称、批号、生产厂家等的内容，确保、确认每一包装内的原辅料正确无误。也可以对每一包装内的原辅料鉴别检验的措施，确认每一包装内的原辅料正确无误。

点评：此条款的核心含义是避免混淆，避免因混淆造成的物料误用。避免混淆的源头控制是对供应商的审计和日常管理。如果供应商管理得不好，可能发错货，也可能在生产或运输过程中就已经发生了混淆或差错，如，贴错标签等情况，企业通过核对标签无法甄别。企业通常通过对每一包装内的原辅料鉴别检验的措施，以确保无误。

◆**问题 175**：企业核对包装的内容物与标识一致是可以做到的，但确认包装内的原辅料正确无误，如何才能做到？

答：近红外、拉曼光谱等鉴别或理化鉴别。

点评：企业可以依据物料质量标准中的鉴别项，依据企业全部物料的特性选择一种专属性强的鉴别方法，企业也可以应用红外、近红外等方法进行鉴别。

◆**问题176**：是在称量时还是来货接收时，采取核对标签的方式来确认每一包装内的原辅料正确无误？那么假如来货200袋，不可能每袋都取样，无法确认每袋内的原辅料是否正确无误，核对的只是外观。

答：可采用核对或鉴别检验的方法，进行真伪鉴别，以确认200袋中每一包装内原辅料正确无误。

◆**问题177**：确认每一包装内的原辅料正确无误，是指每一个被取样的包装还是所有包装？

答：所有最小包装。不仅是每一个被取样的包装。

◆**问题178**：条款中指出原辅料应确认每一包装内的正确性，需要都抽样检验，第十章中指出按取样原则进行，企业如何理解这两条的内容？每件取样抽检在实际过程中有可操作性吗？

答：不相同，但应有规定。第一百一十条要求采取核对或鉴别检验的措施，识别每一包装物料的真伪；第十章中要求按取样原则取样后的检验，是按质量标准的全项检验，判断物料是否符合质量标准。

点评：第十章的取样目的是按一定的取样规则对物料整体评价，是按质量标准对物料的全面评价。第一百一十条的核心含义是避免混淆，避免因混淆造成的物料误用。企业通常通过对每一包装内的原辅料鉴别检验的措施，确认物料的正确无误。

◆**问题 179**：原辅料每包做鉴别检验时，如果已有"红外鉴别"项目，其他理化鉴别项目可以不做吗？

答：如果已采用了"红外鉴别"项目对每一包装内的原辅料进行检验，其他理化鉴别项目可以不做。

点评：每一包装内的原辅料的鉴别仅需一种专属性强的方法鉴别即可。如果红外鉴别方法适用，可以作为每一包装内的原辅料的鉴别方法。

> 【第一百一十一条】一次接收数个批次的物料，应当按批取样、检验、放行。

◆**问题 180**：关于原辅料，同一批产品，是否可使用两个批号的原料或辅料？尤其在生物制品生产中。

答：可以。

点评：同一批产品，可以使用两个批号的原料或辅料，但每个批次均应符合质量标准。

> 【第一百一十二条】仓储区内的原辅料应当有适当的标识，并至少标明下述内容：
> （一）指定的物料名称和企业内部的物料代码；
> （二）企业接收时设定的批号；
> （三）物料质量状态（如待验、合格、不合格、已取样）；
> （四）有效期或复验期。

◆**问题 181**：2010 年版 GMP 多次提到物料代码，相关记录如果写了物料名称，是否还要写物料代码？企业不编制物料代码行吗？

答：物料代码必须写。相关记录中既要有编码又要有物料名称。

点评：物料编码是对除物料名称外的信息补充而且能起到防止混淆的作用，比如区别同一种物料的不同供应商，或同一供应商不同工艺或不同质量标准的同一物料。

◆**问题 182**：仓储区内的原辅料是否每件都要贴质量状态标识？

答：是。

点评：对于未使用电子系统管理的库房，每个包装均需贴状态标识，以及表明物料状态的信息，防止混淆和误用。对于使用电子系统管理的，如果系统经过验证可以有效地控制物料状态、有效期等信息，可以不必每件粘贴状态信息。

◆**问题 183**：原辅料的合格证什么时候贴？发货到车间时粘贴可以吗？实际中物料一进车间就脱外包了，发货到车间时贴意义大吗？

答：企业需保证在发放前每件包装均有合格标识。

点评：企业需保证在发放前每件包装均有合格标识，确保只有合格物料才能进入车间。进入车间后，无须再贴合格标识，但物料标签应注明质量状态。同时在生产过程中出现的不合格物料，应及时贴红色不合格标签。

◆**问题 184**：仓储区的原辅料应标明指定的物料名称和企业内部的物料代码。这里所指的物料名称就是通用名称即可，还必须标注物料代码吗？

答：物料名称应与药典保持一致，如药典未收载的品种可以使用通用名称，同时必须标注物料代码。

> 【第一百一十三条】只有经质量管理部门批准放行并在有效期或复验期内的原辅料方可使用。

◆**问题 185**：有些物料生产厂没有提供"有效期"，仅提供"复检期"。过复检期再检验合格的物料是否可以继续使用？

答：过有效期的物料不可再使用。仅提供"复检期"没有有效期的物料，必须通过稳定性试验确定其贮存期限，进而确定合理的再复检期。过贮存期的物料不可再使用。物料在复检合格后立即使用，企业应根据物料的贮存期制定合理的复检期和复检次数。

◆**问题 186**：无有效期规定的物料，是否经检验合格且确认对成品无影响即可使用，而不管贮存时间长短？

答：无有效期规定的物料，应根据历史数据分析或稳定性试验结果，确定贮存期限（或称使用期限）。物料复检期应在贮存期限（或称使用期限）内。企业应根据物料的特性制订合理的复检期和复检次数，物料在复检合格后应立即使用，物料不可无限制地复检。过贮存期限（或称使用期限）的物料，复验合格也不能使用。

点评：目前未规定有效期的物料已罕见，物料原料药及常用的辅料均已规定有效期，对于少数无有效期物料，建议进行充分评估，并制订贮存期。

> **【第一百一十四条】** 原辅料应当按照有效期或复验期贮存。贮存期内，如发现对质量有不良影响的特殊情况，应当进行复验。

◆**问题 187**：物料超过有效期，经复验，仍符合质量标准，该物料是否可以继续使用？

答：过有效期的物料不可再使用。如果物料超过了复检期而在有效期内的，复检合格后立即使用，企业应根据物料的特性制订合理的复检期和复检次数，物料不可无限制地复检。

◆**问题 188**："贮存期"如何理解？物料或产品有一个有效期或复验期，是否还需要规定一个"贮存期"？

答：没有规定有效期的物料应确定贮存期。应根据稳定性试验结果确定物料或产品的贮存期，即使用期限。

点评：有有效期的物料其贮存期一般等于或小于有效期，小于有效期的目的是提醒企业提前对物料做好处置准备，此状况下不一定需要设立贮存期。没有有效期的，应先确立相应的贮存期。然后，企业应根据物料的特性制订合理的复检期和复检次数，到贮存期的物料不能再使用。

◆**问题 189**：生产 API 原料药的许多外购原辅料，通常厂家没有规定有效期，企业文件规定没有有效期的生产用化工原辅料复验期一般为两年，第二次复验后规定下次复验期缩短为 1 年或是使用前再复检，这符合要求吗？没有稳定性数据支持也可以吗？

答：没有规定有效期的应确定贮存期。应根据稳定性试验结果或日常监控的数据确定原辅料的贮存期，即使用期限。必要时应当根据情况重新评估物料的质量，确定其适用性。

点评：物料的有效期应该通过稳定性数据得出。按问题中所述情况，如果没有稳定性数据，企业可以通过对历史数据的回顾，结合最长时间的物料生产的相应产品的检测数据，确立物料的有效期或贮存期。也可通过稳定性试验数据得出物料的有效期或贮存期。化工原辅料也不能无限地复验下去。

◆**问题190**：如何确定物料的复验期？

答：对有有效期的物料，在有效期内确定复验期。对没有有效期的物料，企业根据物料的特性、以往的使用经验、产品的工艺要求来综合确定物料的贮存期。然后在贮存期内，确定物料的复验期。

点评：对没有有效期的物料，应该通过稳定性数据得出。如果没有稳定性数据，企业可以通过对历史数据的回顾，结合最长时间的物料生产的相应产品的检测数据，确立物料的贮存期。

◆**问题191**：在贮存条件按规定要求合适的情况下，进行有效期管理的原辅料在有效期内可以不进行复检吗？（不制定复检期）？

答：可以。应经过风险评估，除贮存条件（按规定要求）合适外，还应考虑原辅料的特性。提倡企业根据物料的特性、贮存条件制订相应的复验周期。

点评：过有效期的物料不可再使用。如果物料超过了复检期应在复检合格后立即使用，企业应根据物料的特性制订合理的复检期和复检次数，物料不可无限制地复检。

◆**问题192**：有些包装材料没有有效期，如何进行操作？有些原辅料也没有有效期，只注明复验期是否可以？

答：包装材料、辅料如没有标示有效期限，企业可以根据物料的特性、贮存条件、物料关键质量属性的影响因素或稳定性试验数据确定贮存期，并根据物料的稳定性情况、物料关键质量属性等因素制订复验期。

点评：物料的有效期应该通过稳定性数据得出，过有效期的物料不可再使用。如果物料到了复检期应复检，合格后尽快使用，企业应根据物料的特性制订合理的复检期和复检次数，物料不可无限制地复检。内包材的效期管理参照原辅料的管理，外包材的效期管理以不影响使用为原则。

> 【第一百一十五条】应当由指定人员按照操作规程进行配料，核对物料后，精确称量或计量，并作好标识。

◆**问题193**：称量间是否可放置多个物料？

答：原则是只可以放置一种物料。

点评：未开始称量的物料可以在称量间外指定区域短暂放置。称量时应逐个物料分别称量，称量完成后应按产品将不同物料集中存放。

◆**问题 194**：处方中某一物料所占比重较大。比如总共配了2吨物料，其中1吨是同一种物料，是否可以通过评价，不需要每包称量？

答：不可以。

点评：外购物料的重量可能会出现与标签不一致的现象，需要每包称量。

【第一百一十六条】配制的每一物料及其重量或体积应当由他人独立进行复核，并有复核记录。

◆**问题 195**：称量复核后，并有复核记录，复核人签字一般都设在批生产记录上，这样算不算符合记录，即批生产记录，体现复核？

答：称量记录可以签字以及称量后的复核记录和签字都应是批生产记录的一部分，应与批生产记录一同保存。仅复核人签字不算他人独立进行复核。称量记录及签字、称量后的复核记录及签字都应是批生产记录的一部分，应当与批生产记录一同保存。

点评：常规的操作是在设计批生产记录时，将称量记录和相应的复核签字记录设计在一起，而且称量部分的记录和其他生产记录也设计在一起，统一使用、统一保存。

◆**问题 196**：物料独立复核问题："由他人独立进行复核"。若按要求再进行一次称量，这对于一些原料和大输液的生产确实比较困难，能不能用控制领料和退货数量之差来达到"由他人独立进行复核"的目的？整体包装我们只是在配料时称量，在复核时不称量，都通过原包装上的重量来计算。

答：不建议用控制领料和退货数量之差来达到"由他人独立进行复核"的目的。因为称量过程中可能有损耗，可能有抛洒称量器具上的残留等，此类因素不易控制。对液体物料等不宜重复计量的，可以采用一人校准另一人监督，一人进行计量操作另一人监督，分别读数，分别记录和签名。

点评：整包装物料在配料时的称量存在风险，很难确保每一包装的数量都准确等于标示数量，而且取样数量不易确定，容易造成投料不准，特别是原料的偏差，可能影响产品含量。所以不建议用控制领料和退货数量之差来达到"由他人独立进行复核"的目的。

◆**问题197**：复核的过程是否需要将称得的数据再重新记录一次？

答：准确地讲应该是把复核时再次称量的数据记录下来与初次称量的结果比对，并确认是否符合要求。也可以采用一人校准另一人监督，一人进行计量操作另一人监督，分别读数，分别记录和签名。

点评：双人复核过程是避免初次称量存在人员差错、设备误差等不易被发现的造成产品质量事故的差错。

◆**问题198**：称量独立复核时，称量是否有误差？误差范围是多少？配料称量是否需要双秤、双人、独立复核？

答：原则上应该重新称量。单秤、双秤均可。

点评：称量误差应符合法规、工艺的要求，不同物料的误差范围不同。双人复核是避免存在人员误差，双秤是避免设备误差。如果能确保量具的准确性、重复性，不必双秤。

◆**问题199**：如果是复称，复称的重量与首次称量的重量大多是不同的，如何处理？

答：根据处方要求、计量器具的精度来确定适合的误差范围。

点评：复称误差还应考虑工艺的要求和物料本身在处方中的作用和比例的要求，不同物料的误差范围不同。

◆**问题200**：如果原位自动打印称量记录，由称量组人员操作，另一人复核，配制组交接人员现场同时复核，是否符合本条规定？

答：可以。

点评：双人复核是为了避免称量过程存在的人员误差。在应确保量具的准确性、重复性的情况下，可以采取双人同时称量，对称量过程称量结果同步复核的方法。

◆**问题201**：若采用中央配液方式配液，配好后用管道输送到车间使用，使用前如何做到由他人独立进行复核？

答：配液后的复核不属于称量独立复核范畴，但也应双人复核数量。

◆**问题202**：称量复核中要求，必须由操作者和称量复核者都称量一次，分别记录各自数据，如称量物料为贵重物料且称量数量不大时，二次称量会造成与第一次的结果明显不同。再如活性炭称量室，一般边称边溶入水中，无法进行二次称量复核，此种情况如何操作？

答：根据规范有关要求配料的物料需称量独立复核，并不是要求进行重新称量，可采用毛重复核的方式进行，防止发生物料混淆和差错的风险。对于生产过程采用系统加入水等介质，无法进行二次称量复核的可以采用生产过程控制的方法进行计量控制。

点评：称量复核可以采取多种方式，在确保量器的准确性的前提下也可以采取一人称量的同时另一人同步复核的方式，复核人对量器的使用、读数、称量过程实时复核。

> 【第一百一十七条】用于同一批药品生产的所有配料应当集中存放，并作好标识。

◆**问题203**：对于原料药的生产（粗品），各种原料有严格的加入顺序。有的外观很接近，均为白色粉末状结晶，当集中存放后，虽有标识，但会不会也增大了出差错的风险？

答：按要求管理，不会增大出差错的风险。

点评：所谓的集中存放并不意味着无序存放，此种情况下也可以依据投料顺序排放，再加上标识的确认可以进行区分。

◆**问题204**：称量后的物料能否集中存放在配制间？称

量的独立复核是否会增加污染的风险？

答：配制间不允许作为贮存间使用。用于配制的物料可在生产前短暂存放在配制间，但不是跟其他批号一起存放。称量的独立复核可以采用多种方式控制污染，独立复核可以通过事前称量皮重，复核时无需打开包装复核毛重的方式控制风险。在确保量具的准确性、重复性的情况下也可以通过双人同时称量，对称量过程、称量结果同步复核的方式实现。

◆**问题205**：生物制品生产过程中使用许多种溶液，我公司的做法是在配液车间统一配液，各工序根据需要领用配制好的溶液，所使用的溶液批号、配制溶液化学试剂的信息都是可以追溯的。这种做法违反第一百一十七条的规定吗？

答：不违背。各工序根据需要领用的各种配制好的溶液，应集中存放。

◆**问题206**：称量要求按生产批次分别集中存放物料，如一天连续生产3批（同一品种/规格），则称取第一批产品用物料后投料，剩余物料为剩余两个批次成品的物料，等到第二批时再行称量，这种操作可取吗？

答：可同时称量、分别存放。

点评：称量多批次的同一产品的不同物料，可以同时分次称量同一物料，不同物料可以在不同时间段使用同一称量室称量，称量同一产品的不同物料之间可以按照"小清场"的程序执行，称量完成后物料按产品生产批号集中存放。

> 【第一百一十九条】中间产品和待包装产品应当有明确的标识，并至少标明下述内容：
> （一）产品名称和企业内部的产品代码；
> （二）产品批号；
> （三）数量或重量（如毛重、净重等）；
> （四）生产工序（必要时）；
> （五）产品质量状态（必要时，如待验、合格、不合格、已取样）。

◆**问题207**：物料在使用过程中，如过筛后、称量前后是否需要单独编号？前后名称若一致可能会引起混淆。中间产品是否需要物料编号（指每步操作后的物料，如颗粒、总混颗粒等）？

答：不一定需要单独的编号，但要有明确的标识。

点评：可以对不同阶段的物料、中间产品进行单独编号。也可以采用过筛后且称量的物料转移到其他不同的包装容器内，而且采用与原标签形式和颜色不同的标签加以区别，不另行编号。称量完成后等待生产，按条款第一百一十七条执行。对于过筛后未称量的可在新标签上加以注释，如"已过筛"。对于性质无显著差异的中间产品，需要编号以防混淆。

◆**问题208**：待包装产品可否包括在中间产品中？

答：待包装产品不同于中间产品。

点评：根据不同的生产阶段产品一般分为：中间产品、待包装产品、成品。中间产品指完成部分加工步骤的产品，尚需进一步加工方可成为待包装产品。待包装产品指尚未进行包装但已完成所有其他加工工序的产品。

> **【第一百二十条】** 与药品直接接触的包装材料和印刷包装材料的管理和控制要求与原辅料相同。

◆**问题209**："与药品直接接触的包装材料和印刷包装材料的管理和控制要求与原辅料相同。"这句话如何理解？

答：是指与药品直接接触的包装材料和印刷包装材料与原辅料的贮存、接收、发放以及质量控制等相关要求相一致。

◆**问题210**：内包材和外包材也要和原辅料一样进行全检吗？如要全检，其可操作性如何？

答：企业可根据包装材料的特性、工艺的使用要求、供应商的评估结果等多种因素，确定内包装材料的检验项目。按企业确定内包装材料的检验项目批批检验。

◆**问题211**：药品直接接触的包材复验要求和原辅料一致，但原辅料（第一百一十四条）规定："复验控制对象仅限原辅料"，这两条是否矛盾？包材可否不执行复验？

答：不矛盾。包材也要执行复验。

点评：内包材直接与药品接触对药品质量产生直接影响，所以与药品直接接触的包装材料和印刷包装材料的管理和控制要求与原辅料相同。对超过复验期的内包材应进行复验，确保内包材的质量稳定，不对药品产生影响。外包材对药品质量影响较小，复验可由企业依据工艺、生产设备条件自行确定。

> 【第一百二十四条】印刷包装材料应当设置专门区域妥善存放，未经批准人员不得进入。切割式标签或其他散装印刷包装材料应当分别置于密闭容器内储运，以防混淆。

◆**问题212**："散装印刷包装材料"指的是什么？例如：说明书是整箱包装，但每箱内有6个小包装，拆箱后，退库的小包装（牛皮纸袋包装）算是散装吗？

答：从最小包装拆开的为散装。

点评：为了预防散装印刷包装材料在储存、转运、发放过程中因散落等原因造成混淆，对于打开过的最小包装，应当分别置于密闭容器内储运，以防混淆。

◆**问题213**：铝塑板外的复包膜的印字内容是否按标签要求管理？

答：按标签要求管理。

> 【第一百二十五条】印刷包装材料应当由专人保管，并按照操作规程和需求量发放。

◆**问题214**：我们公司的发放流程是在仓库有专人保管，等接到工单后，该人员确认名称、规格和质量状态后按需求数量发放到生产部暂存区域。现在的做法是这个暂存区域需要上锁。但这样操作起来很不方便。这一条描述中没有提及物料发放后还需要上锁或专柜管理，是否可以这样理解：这些物料发放到生产区，已完成发放，生产人员接收后已进入生产流程，在生产结束后有数量平衡，所以整个过程已经受控，上不上锁都可以。这样是否可以理解成在发放到生产区域后不用上锁管理？

答：发放到生产区域后不用上锁管理，但也要控制，防止差错和混淆。

点评：此条款主要针对的是印刷包装材料的库存管理，一旦印刷包装材料发送到生产现场完成接收，管理责任转移到生产部门。生产部门还应负责产品、物料的数量平衡和安全。

◆**问题215**：切割式标签在发放中如何计数？

答：不要求企业计数到每一张，按实际需要整包发放和管理。

点评：计数方式还可以采用称重、测量长度等方式。

◆**问题216**：标签物料平衡是否可规定范围？1998年版GMP要求：发放量＝使用量＋剩余量＋残质量，2010年版GMP没有明确说明？

答：标签物料平衡，应从计量、发放方式及混淆控制措施综合制订适度的具有可操作性的平衡范围。

◆**问题217**：包装材料领用，1998年版GMP根据生产指令，2010年版GMP改成按需领料，那我们的批包装指令中是否可不再下达领用数量呢？

答：根据需要下达领用数量。

【第一百二十六条】每批或每次发放的与药品直接接触的包装材料或印刷包装材料，均应当有识别标识，标明所用产品的名称和批号。

◆**问题218**：印刷包材每批来货都用于多批次的生产，标注产品批号如何写？

答：每批或每次发放的与药品直接接触的包装材料或印刷包装材料的标识，可以采用托板卡、物料卡等方式，标明与药品直接接触的包装材料或印刷包装材料的名称、批号、数量以及用于对应的产品的名称和批号。如果一批包材用于多批待包装产品时，可用物料卡记录。

点评：可以通过卡片管理，例如某物料：

产品批号	使用量	剩余量
123	1	133
124	2	131

◆**问题219**：要求每次发出材料标明其用于哪个产品和哪个批号？若整卷材料发出时无法准确描述其具体用在哪些批号时，该如何进行标识？

答：物料部门发放包装材料肯定是根据生产部门发出的指令来领取的，肯定知道具体用于哪个品种和批号。整卷发出的材料要标明首次使用产品的名称和批号，剩余部分可按文件规定退库或在车间暂存，但要有明确的标识。

◆**问题220**：PVC（聚氯乙烯材料）、铝箔已可按"需求量"发放，每批生产后可能有零头多余，如何确保标明所用产品的"批号"？如标识操作是否需退回后重新发放，但这样会造成污染风险的增加吗？

答：PVC可以直接用于下批生产，在阶段性生产结束后剩余包装材料不宜存放在生产现场,需要进行退库处理。

> **【第一百三十三条】** 产品回收需经预先批准,并对相关的质量风险进行充分评估,根据评估结论决定是否回收。回收应当按照预定的操作规程进行,并有相应记录。回收处理后的产品应当按照回收处理中最早批次产品的生产日期确定有效期。

◆**问题 221**:产品回收处理中以最早批次的生产日期确定有效期,如果企业是5月份处理,而其中回收的产品最早是1月份的,在5月份生产的产品批号如何制订?生产记录如何记录?

答:问题的关键是产品的有效期怎样确定。回收日期是5月份,回收的产品最早是1月份的产品,产品有效期应从1月份算起,生产记录如实记录。产品批号并不需要反映生产日期。

◆**问题 222**:尾料是否按回收处理?

答:合格的尾料可以按回收处理。

点评:尾料的回收应经验证或确认,以证实尾料为合格物料,并且尾料的处理能满足下一工序的需要。

◆**问题 223**:生产过程中的尾料(如压片工序最后留在料斗内的)应当怎么处理?如果按回收处理,需按第一百三十三条的要求做吗?

答:合格的尾料可以回收处理。

点评:尾料的处理应经验证或确认,证实尾料为合格物料，通过计算得出消耗完毕的时间或可生产的数量。并且尾料的处理能满足下一工序的需要。压片工序最后留在料斗内的尾料，如果是连续生产方式的中间批次，可在加入下一批物料后，通过计算的时间或生产的数量结束该批的生产进入下一批次。对于连续生产的最后一批可按第一百三十三条执行，按回收处理或销毁。

◆问题224：原料药的可利用物料是否属于回收利用？例201105001批经混合分装后，还剩5kg合格产品，如果混到201105002批产品中，生产日期如何确定？是按201105001批的生产日期还是按201105002批的生产日期？

答：此情况属于回收，应按最早批次产品的生产日期确定有效期。生产日期按201105002批确定，有效期按201105001批生产日期推算。

◆问题225：原料药、回收粉投入下一批次（中间间隔几批），如01投入05批如何体现（注：每批产品都有回收粉）？

答：回收应按最早批次产品的生产日期确定有效期。

◆问题226：每批包装工作完毕后，会剩余少量尾料，连续生产时，上批尾料会回收到下批使用掉，这样产品的有效期都是根据尾料生产信息确定吗？如尾料批号110510，下一批次产品批号为110601，那么该批产品批号为110601，有效期为24个月，是否应标注为有效期至2013年5月？这样是否会误导消费者该产品有效期错误标识，少标识了一个月？

答：生产日期2011年5月10日生产的批号为110510的尾料加入到生产日期2011年6月1日生产的批号为

110601 的产品中，应以最早批次产品的生产日期确定有效期，即以生产日期 2011 年 5 月 10 日批号为 110510 的产品确定有效期，如有效期标注到月，应为有效期至 2013 年 4 月。

◆**问题 227**：注射剂灌装结束前，由于物料接近灌完导致灌装装量波动大，易导致产品装量不符合要求，此时这些物料（产品）可否回收到下批产品中灌装？如不行，应怎么处理？

答：可以连续灌装，不可以返回使用。

点评：连续灌装应经验证或确认，证实连续灌装时产品合格，通过计算得出消耗完毕的时间或可生产的数量。连续生产方式的中间批次，可在加入下一批物料后，通过计算的时间或生产的数量结束该批的生产，进入下一批次，对于连续生产的最后一批建议销毁。

◆**问题 228**：尾料回收时若加入到新批号中的占有量不足 3％，按尾料生产日期来确定有效期合理吗？

答：合理。

点评：建议尾料集中回收，做成特殊批。

◆**问题 229**：口服固体制剂（片剂、硬胶囊剂、颗粒剂等、配料、压片等工序的剩余尾料是否可以加入下一批？如果可以，有效期如何定？

答：合格的尾料可以回收处理。有效期应按参与回收的最早的批次确定。

点评：尾料的回收应经验证或确认，证实尾料为合格物料，通过计算得出消耗完毕的时间或可生产的数量。并且尾料的处理能满足下一工序的需要。压片工序最后的尾料，如果是连续生产方式的中间批次，可在加入下一批物料后，通过计算得出时间或生产的数量结束该批的生产，进入下一批次。对于连续生产的最后一批可按第一百三十三条执行或销毁。

◆**问题230**：注射液灯检工序产生的可见异物不良品，可以带入下批回收吗？批号如何计算？如1号生产的产品灯检可见异物为10瓶，带入2号生产的10 000瓶中，批号如何算？

答：不可以回收。

点评：只有符合相应质量要求的产品才可以回收，注射液灯检工序产生的可见异物不良品为不合格品，所以不能回收。

> 【第一百三十三条】产品回收须经预先批准，并对相关的质量风险进行充分评估，根据评估结论决定是否回收。回收应当按照预定的操作规程进行，并有相应记录。回收处理后的产品应当按照回收处理中最早批次产品的生产日期确定有效期

◆**问题231**：固体制剂尾料回收：现在销售时，一般都要整箱、整批的产品，对于拼箱的产品基本不要，因此，在生产中，最后的包装以整件生产，剩余的均按尾料回收，到下一次配料时加入，再制粒、压片、包装等如此循环。根据"回收"的解释，该剩余的尾料可否放在下一批？如能，是否属混批？该批号如何定？该批的物料平衡的问题，

也将不符？偏差由此可能产生。

答：重新制粒、压片、包装等行为是不允许的。

◆**问题 232**：可利用产品（如不符合粒径的颗粒、压片结束留在轨道上的中间产品、包装形成的次品等）的回收都要进行质量风险评估吗？

答："不符合粒径的颗粒"的再利用不属于"回收"，"回收"系针对合格产品的处理[①]。该情况属于"返工"或"重新加工"，按照 2010 年版 GMP "制剂不得重新加工"的规定，如果该情况属于"返工"，单纯的风险评估是不够的，可能需要进行额外的检验、稳定性考察、验证等工作来证明该"返工"不影响产品的质量。

点评：通常压片结束后不会有产品留在轨道上，有可能在压片过程中产品掉在机器内部，这部分产品由于有可能受到机械污染，通常直接报废；另外有可能是在压片的最后阶段由于片重不稳等因素造成少量不合格产品，该部分通常直接报废。

"包装形式的次品"系指在包装过程中不影响产品质量的包装缺陷，如片剂包装过程中可能会有某板药品中漏装一粒或几粒的现象，这属于利用"重新包装"予以解决的问题，只需要将药片从药板中剥出后重新进行包装。不能将剥出的药片放入下一批产品中进行包装（此情况属于混批）。但是"重新包装"需要进行风险评估甚至验证来证实其影响。

---

① 回收的定义可以参见 GMP 术语部分的解释。

第六章 物料与产品

> 【第一百三十四条】制剂产品不得进行重新加工。不合格的制剂中间产品、待包装产品和成品一般不得进行返工。只有不影响产品质量、符合相应质量标准,且根据预定、经批准的操作规程以及对相关风险充分评估后,才允许返工处理。返工应当有相应记录。

◆**问题233**:灯检不合格的产品回收重新从浓配开始是属于回收还是返工?

答:不属于回收,属于返工,但这种情形说、是不可以返工的。

◆**问题234**:对包装过程中出现的异常,如发现批号、效期等错误,按偏差处理程序处理,需要更换外包装,属于包装返工还是产品重新包装?

答:按重新包装处理。

◆**问题235**:中药制剂颗粒剂的得率约为70%,每批约有30%的细粉和粉头需加入下一批生产,是不是也叫回收?如该产品已生产多年,留样观察结果一直稳定,是否可以省去稳定性考察环节?有效期又该如何确定?

答:可以按回收处理。如有足够的稳定性考察数据支持,不再需要每批都做稳定性考察。有效期按30%的细粉和粉头的生产日期定。

点评:每批约有30%的细粉量残留至下一批生产,说明显工艺存在缺陷,企业首先应该考虑解决工艺技术问题降低细粉残留比例。

◆**问题 236**：如果生产是连续进行的，即批与批之间只进行设备的清洁，那么下一批产品的生产日期是否按上一批产品的生产日期定？

答：不需要。

点评：如果是同品种、同规格连续生产方式的中间批次，可以进行小清场，在加入下一批物料后，通过计算得出消耗完毕的时间或可生产的数量，结束该批的生产，进入下一批次，批号切换为下一批号。在连续生产的最后一批完成后进行大清场（彻底清场），剩余的尾料可按第一百三十三条执行或销毁。

◆**问题 237**：原料药（25kg/袋）因运输过程中造成内外包装均破损，按质量标准检测，除外观上有黑点，外其他项目合格，将其返回到精制前的工序进行处理，正在生产的产品和返回的产品批号如何打印？

答：按返工处理，执行返工的相关规定。有效期按返回产品的原生产日期制订。批号按返工批的批号打印。

◆**问题 238**：若某口服液体制剂中某一成分含量偏低不合格，只需补加原料即可合格，可以重新加工吗？某口服固体制剂硬胶囊水分不合格或装量差异不合格，可否重新干燥、填充、制粒？

答：口服液体制剂中某一成分含量偏低不合格，口服固体制剂硬胶囊的水分不合格或装量差异不合格，是返工问题，不能重新加工。

点评：一般情况下制剂返工不得影响产品质量，必须确保产品符合相应的质量标准，根据预定、经批准的规程操作以及对相关风险充分评估后，方可进行返工。但很难做到：重新补加原料药必须证实其均一性，干燥过程必须证实其对产品质量是否有影响，很难证实以上过程中是否引入原检测方法无法检测的杂质。

◆问题239：返工的相同工艺如何界定？如固体制剂重新制粒，加入处方中相同的黏合剂是否为相同工艺？如果对物料进行粉碎后再制粒是否为相同工艺？

答：二次加入黏合剂，批次中黏合剂的总量与工艺规定不一致视为改变处方，即改变工艺。批次中黏合剂的总量在工艺规定范围内的，视为返工。

点评：原工艺如有粉碎，按原工艺的粉碎方法重新粉碎是原工艺的一部分，否则不算原工艺。

◆问题240：固体制剂颗粒符合质量标准，素片不符合质量标准，需要处理，重新粉碎制粒压片，这种行为是返工吗？

答：视具体情况而定。

点评：原工艺如有粉碎，按原工艺的粉碎方法重新粉碎是原工艺的一部分，同时制粒为干法制粒，这种行为就可视为返工。

◆问题241：返工定义中，"之前"的工序是特指前一个工序还是可指前任意一个工序。

答：可以根据返工具体情况而定，可以是上一工序，也可以是之前任一工序。总之，是返到可以返的前工序。

点评：一般来说，制剂的返工是比较困难的，当物理形态发生变化以后，很难用相同的生产工艺进行再加工。作为原料药的返工是可以返到之前某个工序的，例如，结晶不合格，可以返到精制工序，但如果改变了溶剂等，就属于重新加工了。

◆**问题 242**：冻干粉针剂轧盖外观不合格的次品是否可以将药粉取出与下批配料一起溶解加工，这可以理解为"返工"处理吗？

答：不可以。

◆**问题 243**：口服固体制剂铝塑包装，A 批包装外观不合格（不影响内在质量）回收产品后加入 B 批，生产日期如何制订？

答：外包装外观不合格（不影响内在质量），可以返工，但不可以按回收处理。

◆**问题 244**：返工产品的生产日期如何确定？是否按第一次的生产日期？若是口服固体经过再次混合操作，可否将第二次混合日期作为生产日期？

答：口服固体制剂返工产品的生产日期按第一次混合日期定。口服固体制剂经过再次混合操作按第一次的生产日期确定生产日期。

◆**问题 245**：制剂返工后有效期怎么定？例如颗粒制剂生产中上批分筛出细末放入下批一起按原工艺生产，是否属于返工？下批的有效期怎么定？（按上批还是按新批定？）

答：上批分筛出细末属于不合格品，故不能按照回收放入下批；如果按照返工，则要返到制粒工序，又不属于相同工艺，故也不能返工。

◆**问题246**：可否进行多批不合格中间产品和待包装产品的返工？

答：按规范第三百一十二条规定，只能为一批，而且同批次返工，也是往前返而不是往后返。

点评：不合格制剂的中间产品、待包装产品和成品一般不得进行返工。对于多批不合格中间产品和待包装产品的返工，如果各批次返工的原因不相同，返工难度大，且难以达到质量要求，这种情况下建议不再返工。而且返工只能是在同一批次返工。只有在不影响产品质量，符合相应的质量标准的前提下，根据预定、经批准的规程操作以及对相关风险充分评估后，才允许返工。返工应当有相应记录。

【第一百三十七条】只有经检查、检验和调查，有证据证明退货质量未受影响，且经质量管理部门根据操作规程评价后，方可考虑将退货重新包装、重新发运销售。评价考虑的因素至少应当包括药品的性质、所需的贮存条件、药品的现状、历史，以及发运与退货之间的间隔时间等因素。不符合贮存和运输要求的退货，应当在质量管理部门监督下予以销毁。对退货质量存有怀疑时，不得重新发运。

对退货进行回收处理的，回收后的产品应当符合预定的质量标准和第一百三十三条的要求。

退货处理的过程和结果应当有相应记录。

◆**问题247**：对退货产品的验证，是否必须进行全项检验？如果出厂日期较短，经调查储存条件等符合要求，如3个月内，是否可以减少检验项目？

答：应进行全检，全检可以降低产品安全性的风险，同时应该按照第一百三十七条要求进行全方位的风险评估。如果要减少检验项目，仅对产品关键指标进行检验，应说明理由。

点评：退货产品应明确退货原因。如果因非质量问题造成的退货，都如能证明储运条件满足产品要求，至少还须对产品关键指标进行检验，如含量、有关物质等。

第七章 确认与验证

第七章　确认与验证

> 【第一百三十八条】企业应当确定需要进行的确认或验证工作,以证明有关操作的关键要素能够得到有效控制。确认或验证的范围和程度应当经过风险评估来确定。

◆**问题248**：确认或验证的范围和程序应当经过风险评估来确认。是不是每一个确认或验证都需要做评估？IQ/OQ/PQ都需要做评估吗？

答：风险评估的对象应该是复杂的系统、工艺或设备，因此不是每个IQ/OQ/PQ文件都需要做风险评估。

点评：确认与验证中应用风险评估的目的是鼓励企业采用风险管理的工具，去识别待确认的设备或待验证的系统或工艺的关键点，也就是风险点，进而在验证中重点去确认或验证这些关键点。对于设备可以采用风险管理工具进行系统影响评估；对于系统或者工艺可以采用FMEA（失败模式与影响分析）和CPP（关键工艺参数/步骤）等工具。

> 【第一百四十条】应当建立确认与验证的文件和记录，并能以文件和记录证明达到以下预定的目标：
> （一）设计确认应当证明厂房、设施、设备的设计符合预定用途和本规范要求；
> （二）安装确认应当证明厂房、设施、设备的建造和安装符合设计标准；
> （三）运行确认应当证明厂房、设施、设备的运行符合设计标准；
> （四）性能确认应当证明厂房、设施、设备在正常操作方法和工艺条件下能够持续符合标准；

> （五）工艺验证应当证明一个生产工艺按照规定的工艺参数能够持续生产出符合预定用途和注册要求的产品。

◆**问题 249**：现生产厂房均由有资质的设计院设计，企业是否还应对设计院设计的图纸进行确认？如需确认，确认范围是什么？因设计上有工艺、暖通、消防、结构、土建等不同专业，一般企业没有能力确认。另外，如果企业有能力可否自行设计？

答：需要对其设计方案或图纸等进行确认，确认的范围是其设计是否符合 URS 以及相关法规的要求，这个确认不是确认它的设计是否能达到 URS 的要求，而是确认设计方案是否涵盖了所有 URS 中的关键要求，因而一般企业都有这个能力。企业是否能够自行设计应符合国家相关的法规要求。

点评：往往厂房设计的确认通常是设计单位按照企业提出的各种需求及相关法规要求，提供设计方案和施工图，由企业确认。如：2010 年版 GMP 的要求是否已经涵盖在设计部门的设计文件中，以防止供应商对某个具体需求的遗漏或者某项设计标准达不到法规要求。

◆**问题 250**：在工艺验证时，是否需要对规定参数的上限和下限各自进行验证以确保在参数范围内都能保证生产一致，还是可以对上、下限条件进行分析，以最差条件进行验证？但往往不能明确哪个是最差条件？

答：确定最差条件需要由企业对工艺相当了解的部门进行，如研发或者技术部门。比较复杂的制造部分的工艺通常在产品研发阶段的最后也就是在正式工艺验证前已经完成。通常不强制在工艺验证时进行挑战实验。规定的参数的上限和下限,一般不是最差条件。对规定的工艺参数的上限和下限应该确认。

点评: 确定参数较多的生产工艺中的最差条件往往比较困难,参数的上限或者下限并不一定是最差条件,整个生产工艺的最差条件通常在工艺的研发过程中确定的。因为如果在生产过程中使用极限参数生产或者验证对设备来说是一种挑战,很容易造成设备故障或过早损坏,而且正常生产状态下基本上不会遇到这些苛刻、极限的生产条件,所以不强制在工艺验证时进行挑战实验。

◆**问题251:** 厂房、设施、设备的验证是否可以由供应商完成?比如空气净化系统,由系统的设计方进行验证和确认,完成相关文件,这些文件再经厂家批准。是否可以接受?验证和确认文件是全英文的,是否可以?

答: 厂房、设施、设备的验证可以由供应商与企业共同完成。如果采用供应商提供的文件,仅由企业批准是不够的,企业还必须对这些文件进行审核。对于供应商提供的全英文文件,企业必须真正了解和确认其内容,并且需要单独起草中文版的报告对其验证或确认状态进行总结。

点评: 由于供应商通常对待确认或验证的设备非常了解,这有利于制定充分的和有意义的测试项目和制定测试标准。但是由于供应商不了解制药企业的工艺特性及相应的参数范围,所以不管怎样仍需要确保从供应商得到的验证文件获得企业相关技术及法规人员的审核和批准,确保其符合企业的要求。

【第一百四十一条】采用新的生产处方或生产工艺前,应当验证其常规生产的适用性。生产工艺在使用规定的原辅料和设备条件下,应当能够始终生产出符合预定用途和注册要求的产品。

◆问题252:本条"每个批量都必须做验证",其中批量的界定怎么把握?比如投料量做了4吨的验证,如果再投料2吨、3吨或5吨是否都要做验证?批量的界限如何掌握?

答:通常每个批量均应进行工艺验证,验证批量应依据实际能够代表正常生产工艺的批量界定。工艺验证必须考虑设备的能力。

点评:现在制药企业的发展不应该再延续过去"以销定产"的模式,而应该根据产品工艺的特性、设备的生产能力来制订每个产品确定的批量进行验证,而后按照该批量进行正常的重复性生产。

【第一百四十二条】当影响产品质量的主要因素,如原辅料、与药品直接接触的包装材料、生产设备、生产环境(或厂房)、生产工艺、检验方法等发生变更时,应当进行确认或验证。必要时,还应当经药品监督管理部门批准。

◆问题253:"生产工艺变更应当进行确认或验证",处方调整、变更应报备,那工艺参数如颗粒、水分控制范围调整、过筛目的调整等工艺参数的变更通过企业自己验证后执行即可,还是要上报批准变更后才能用?

答：是否还要上报基于调整后是否还符合或涵盖在原注册批准的范围内，如果超过了原来注册的范围或者同原来注册的不一致，需要上报批准。

点评：关于工艺中哪些项目变更需要上报批准，详细参见《已上市化学药品变更研究的技术指导原则》及《已上市中药变更研究技术指导原则》等相关法规。

◆问题254：规范中讲到再验证内容，请问质量标准变更后（如从2005年版药典升级为2010年版药典标准）是否需要进行产品工艺再验证？

答：仅仅是质量标准变化，工艺未改变，无须对工艺进行再验证。如果是质量标准变化带来了工艺的变化，需要再验证。

点评：对于工艺的再验证，不是所有的工艺变化都需要进行再验证，企业需要仔细地评估该变化是否足以影响和改变工艺的验证状态，或是法规要求再验证。如果一些细微的变化不影响工艺的验证状态，无须进行再验证，只需要进行评估即可。

◆问题255：原辅料供应商变更，如何进行验证？仍是做三批产品验证吗？

答：原料和关键辅料供应商（这里指生产商）的变更需要进行至少三批产品的工艺验证，非关键辅料的供应商基于评估结果决定。

点评：关键辅料的选择基于该辅料在工艺中的特性来决定，通常如防腐剂、崩解剂等视为关键辅料，有些时候占处方比重很大的一些填充辅料对工艺也有很大的影响,此种情况下也应考虑这类非功能性的辅料,此外需要严格遵守国家局颁布的相关法规,如:《已上市化学药品变更研究的技术指导原则》及《已上市中药变更研究技术指导原则》。

◆**问题256**:企业对影响药品制备因素的变更,应当进行验证或确认,如果物料包材的产地发生变化,需要进行几批产品的工艺验证?

答:如果包材的变化影响到关键工艺参数及产品质量,需要进行至少三批包装工艺验证。

点评:有时或者很多时候,包材供应商的变化(包括产地的变化)可能会引起包装工艺中一些参数的变化,如机速、热合温度(泡罩包装)变化,甚至可能会引起成型后包装的密闭性,所以通常需要进行三批产品的工艺验证。成品还应进行持续稳定性考察。

◆**问题257**:根据《消毒技术规范》(2002年版)安装规定照度的紫光灯后,是不是还需要进行验证?

答:需要进行验证。

点评:可以采用一定浓度的生物指示剂,在规定的紫外灯照射一定时间后,测定残留微生物的方法进行。

【第一百四十三条】清洁方法应当经过验证,证实其清洁的效果,以有效防止污染和交叉污染。清洁验证应当综合考虑设备使用情况、所使用的清洁剂和消毒剂、取样方法和位置以及相应的取样回收率、残留物的性质和限度、残留物检验方法的灵敏度等因素。

◆**问题258**：小容量注射剂生产，终端灭菌工艺，国内生产企业用于除菌过滤的滤芯大多重复使用。为确认重复使用次数，需进行相关验证，这类验证需要涵盖哪些项目和哪些内容？

答：首先，企业应根据产品的工艺特点来决定是否可以反复使用过滤器。

1、下面的情况除菌过滤器反复使用具有很大的风险：生产高污染产品（容易长菌）；具有挑战性的工艺条件（高压差、高温、长时间）；在清洗过程当中使用复杂清洗剂等。

2、如果根据评估，风险可以被接受。相关的验证应包括：溶液微生物负荷确认、过滤器灭菌过程确认、过滤器反复使用后的相容性实验（包括产品及清洗剂）、析出物、截留性能、清洁验证等。

◆**问题259**：原料药专用生产设备（单一品种）清洁验证时，是否要测残留量？目测残留可否？

答：无须进行化学残留测量，只需目测洁净及对区域设备的微生物监控。如果中间产品或API（活性成分）的长期残留可能降解，产生有害物质，对此应进行检测。

点评：通常清洁方法的验证需要测试三种残留：

1、清洁前产品API（活性成分）的残留；

2、清洁剂的残留（如清洁过程中使用）；

3、微生物的检测。

如果上述清洁过程中使用到清洁剂，需要额外进行清洁剂残留的检测。

◆**问题260**：固体制剂多产品用同一设备生产，清洁验证该如何做？相互之间检测哪种残留？多产品前、后生产都是无序的，当更换品种时，是否都要检测各残留？

答：对于相同清洁方法的产品需要计算残留限度，选择标记化合物进行残留限度的检测，如果在计算残留限度时采用矩阵的方式可以解决日后无序生产的问题，清洗验证完成后的日常更换品种时，无需进行检测。

点评：对于相似生产工艺、相似产品、相同清洁方法的验证可以采用选择标记化合物的方法，所谓标记化合物就是在多个共线生产的制剂产品中依据其活性成分的毒性、溶解度、清洗特性等选择一个产品，该产品代表着对清洁方法的最大挑战。由于在正常的生产过程中，是按照订单来安排品种生产的，所以需要在清洁验证过程中采用矩阵的方法，选择标记化合物相对应的最严格的限度作为清洁验证的限度以满足日后的无序生产。

◆**问题261**：清洁有效期（器具、设备、工衣）是否必须验证？

答：清洁有效期需要验证，清洁的有效期限应连续验证三次以上。一般清洁完成后，每间隔一定时间在清洁取样的另外的类似最难清洁的部位采用棉签法取样或冲洗水取样进行微生物限度检查，直至微生物限度检查接近清洁验证的微生物限度可接受标准，即为清洁的有效期限。

◆**问题262**：关于清洁验证问题：如果清洁方法、使用的清洁剂、清洁周期等所有条件均没有改变，还需要做清洁再验证吗？

答：需要。通常做法，对清洗程序进行评估，根据不同的清洗方式和设备特点以及工艺要求确定再验证周期。

点评：由于目前绝大多数的清洁采用的是手工清洁，对人员的操作要求极高，重复性较差，为了证明清洁方法的持续有效，需要定期进行清洁再验证，但是该验证不需要重复三次，只需要进行一次确认即可，以确认清洁方法的有效性。

> 【第一百四十四条】确认和验证不是一次性的行为。首次确认或验证后，应当根据产品质量回顾分析情况进行再确认或再验证。关键的生产工艺和操作规程应当定期进行再验证，确保其能够达到预期结果。

◆问题263：回顾性验证与产品质量回顾分析如何区别？

答：回顾性验证是验证的一种方法，产品质量回顾除了包括验证状态的回顾外还包括很多项目。

点评：回顾性验证和产品质量回顾是两个概念。回顾性验证是验证的一种方法，是验证范畴的概念。回顾性验证系指以历史数据的统计分析为基础的、旨在证实生产工艺条件适用性的验证。

产品质量回顾分析是质量保证的一种方法，按照2010年版GMP第二百六十六条规定至少回顾12项内容，相关设备和设施的确认状态只是其中的一项内容。

> 【第一百四十六条】验证总计划或其他相关文件中应当作出规定，确保厂房、设施、设备、检验仪器、生产工艺、操作规程和检验方法等能够保持持续稳定。

◆**问题264**：每年生产1～2批的产品如何做工艺验证？验证方法用什么？

答：工艺验证有前验证和同步验证，前验证需要预先完成连续三批后，才能进行正式生产。对于同步再验证，需要进行至少三批工艺验证，在确保设备性能、工艺、原辅料等不变的情况下，允许每批生产结束后，按工艺验证方案的要求，整理好该批资料，如符合要求，放行该批次产品，直至累积三个批次后完成再验证报告。如前验证采用同步验证的方式，需要预先完成连续三批的工艺验证，才允许三批产品放行。

点评：前验证系指在任一工艺、设备或方法等正式使用前按照预定验证方案进行的验证，其适用条件：如果没有充分的理由，任何工艺、过程、设备或物料必须进行前验证。

同步再验证系指在正常工艺运行的同时进行的验证，允许产品逐批放行。由于此类验证的风险较大，通常仅适用于生产工艺成熟的非无菌药品。欧盟GMP规定的适用条件：

1、生产批数有限；

2、不经常生产；

3、已验证过的工艺发生变更。

第八章 文件管理

【第一百五十一条】企业应当建立文件管理的操作规程,系统地设计、制定、审核、批准和发放文件。与本规范有关的文件应当经质量管理部门的审核。

◆问题265:只要是质量管理部门的人审核就行,还是必须由质量管理部门负责人审核?

答:企业可根据部门、人员职责分配及工作流程,采用适合企业管理规模、流程规定的方式由质量管理部门审核。质量管理部门的人员或其负责人审核均可。

点评:企业的GMP文件可能涉及多个部门和人员,交叉的职责应当有明确规定,例如,审核和批准产品的工艺规程、操作规程等文件是生产管理负责人和质量管理负责人共同的职责,但是在审批文件中应明确生产管理负责人对文件中工艺、生产相关的内容负责,质量管理负责人对文件的法规符合性和审批流程负责。

【第一百五十三条】文件的起草、修订、审核、批准、替换或撤销、复制、保管和销毁等应当按照操作规程管理,并有相应的文件分发、撤销、复制、销毁记录。

◆问题266:"替换"怎么理解?有别于"修订""作废"吗?文件有错别字或公式打印错误时,可以替换吗?"撤销"怎么理解?等同于"作废"吗?

答:文件有错别字或公式错误时应进行文件内容"修订","修订"后的文件应该按照"撤销"管理的原则进行文件的收回。由于损坏、污染等原因造成文件不能使用的已发放文件应进行"替换"。

点评：

"起草"与"修订"属于文件程序内容的管理；

"替换"与"撤销"属于文件发放控制的管理；

"修订"表示"文件内容需要更新完善"；

"撤销"表示"文件停止使用"；

"替换"表示"使用的现行文件因破损等原因的更换"；

"作废"2010年版无此提法。"撤销"的文件，当然要"作废"。

> **【第一百五十六条】** 文件应当分类存放、条理分明，便于查阅。

◆**问题267：** 设备清洁SOP（标准操作规程）中要有消毒剂、清洁剂配制的详细步骤，如果以上两种物质在另一个SOP中有详细的单独描述，是否可以省略设备清洁SOP中消毒剂、清洁剂的配制步骤？说明一下"详见文件编号"。工艺过程中操作步骤详细描述是否也可以如此处理？

答： 可以，但这样文件不便于查阅使用。

点评： SOP或作业指导书等操作文件应以简单易懂、易于操作、在岗位附近易于查阅为原则。

> **【第一百六十条】** 应当尽可能采用生产和检验设备自动打印的记录、图谱和曲线图等，并标明产品或样品的名称、批号和记录设备的信息，操作人应当签注姓名和日期。

◆**问题268：** 对于有电子签名日期的自动打印记录、图谱，是否还需要手工签注姓名和日期？例如HPLC图谱系统已经过确认（系统进入图谱打印均有权限控制）。

答：对于电子采集的数据如需打印，产品或样品的名称、批号和记录设备等的信息可以自动打印，打印的记录应由操作人员手工签注姓名和日期。

点评：其目的是要求操作人员对电子记录进行复核，签字是表明其复核和确认的结果证据。

> **【第一百六十一条】** 记录应当保持清洁，不得撕毁和任意涂改。记录填写的任何更改都应当签注姓名和日期，并使原有信息仍清晰可辨，必要时，应当说明更改的理由。记录如需重新誊写，则原有记录不得销毁，应当作为重新誊写记录的附件保存。

◆**问题269**：自动打印的记录纸为光感性材料，数据过一段时间后会变淡，甚至消失，原始记录保存时是否和签字后的复印件存在复印纸上再签字，然后附在批记录中？

答：根据记录时效管理的原则，应对各种形式的记录内容采用妥善的保管方式。对于光感材料的记录纸，为了记录内容长久保存，可以采用复印并签字的方式一并保存。

点评：记录应确保其原始性和可追溯性，在选取记录方式时首先选择适合长期储存的存储方式，电子数据也是可以接受的存储方式，复印原始记录后再签字不是首选的方式。

◆**问题270**：记录编号必须在印刷时按顺序印上去，还是可以在发放记录时由 QA 人员填上去？

答：记录应采用受控的方式对记录追溯和受控性管理，可以采用事先印刷、盖编号章或在发放记录时由 QA 人员填上去等方式进行受控管理。

点评：为确保记录可控，采用的记录管理方式应当确保除专人外其他人不可复制，负责管理记录的专人在替换记录时应当记录日期和原因，被替换的记录对应正式记录同时保存。

> 【第一百六十三条】如使用电子数据处理系统、照相技术或其他可靠方式记录数据资料，应当有所用系统的操作规程；记录的准确性应当经过核对。
>
> 使用电子数据处理系统的，只有经授权的人员方可输入或更改数据，更改和删除情况应当有记录；应当使用密码或其他方式来控制系统的登录；关键数据输入后，应当由他人独立进行复核。
>
> 用电子方法保存的批记录，应当采用磁带、缩微胶卷、纸质副本或其他方法进行备份，以确保记录的安全，且数据资料在保存期内便于查阅。

◆**问题 271**：如使用电子数据处理系统、照相技术或其他可靠方式记录数据资料，应当有所用系统的操作规程，记录的准确性应当经过核对。举例说明使用电子数据处理系统、照相技术记录数据资料，其准确性如何核对？

答：如物料管理中有关 ERP 系统的数据、实验室管理 LIMS 系统的检验数据，以及生产过程采用自动生产的生产质量监控信息等。记录的准确性应当经过验证，然后核定所用系统的操作规程,其中包括记录核对的方式。

点评:电子数据应符合《中华人民共和国电子签名法》,同时可以参考美国 FDA 21 CFR Part 11 的相关规定,记录的准确性应当经过验证。核对照相技术记录的准确性,一般采用双人复核签字的方式确保其准确性和可辨识性,并确保没有遗漏。在记录一些很难用文字描述的现场、实验现象、焊接管道内壁等情景下可以使用照相技术。

◆**问题272**:检验仪器所使用的工作站,如液相、气相工作站,是否属于电子数据处理系统?

答:是。

点评:检验仪器所使用的软件(工作站)应经过验证确保其准确性。对于具有编制、设置公式、参数等功能的软件应对结果的准确性、重复性进行验证,同时应对软件系统关键参数的修改、设置功能进行权限控制和复核,每次修改均应有相应的记录,使用电子数据电子签名的应符合《中华人民共和国电子签名法》,同时可以参考美国 FDA 21 CFR Part 11 的相关规定。

> 【第一百六十四条】物料和成品应当有经批准的现行质量标准;必要时,中间产品或待包装产品也应当有质量标准。

◆**问题273**:企业原有中间产品的内控质量标准,现在提到的待包装产品,需要将原中间产品内控质量标准按不同工序分为中间产品内控质量标准和待包装产品内控质量标准吗?

答：企业可根据产品质量控制、产品工艺阶段划分的不同来设置内控质量点，编制中间产品内控质量和待包装产品内控质量标准。

点评：企业可根据产品质量控制、产品工艺阶段划分的不同来设置内控质量点，对中间产品、待包装产品以及成品建立相应的质量标准和检查方法，有助于在产品工艺验证、不符合事件调查等情况下有相应的质量标准和检查方法，对不同生产阶段的产品进行控制和判断。

◆**问题274**：印刷包材的版本更新并不一定都需要更新质量标准？

答：印刷包装材料的样式和文字内容是质量标准的重要组成部分，因此版本更新，也需要重新修订对应的质量标准。

点评：无论印刷包材的尺寸、文字、纸张、更换供应商等变化，质量标准和相应的检测方法均应变化，质量标准更新为新的版本，以防不符合要求的印刷包材进入生产。所有变化应进入变更管理体系确保产品质量和生产的顺利进行。

◆**问题275**："内控标准"等同于企业标准吗？同一产品可以同时有多个不同的企业标准吗（如客户标准）？原料、中间体、待包装品、企业内控标准可以称为内控标准吗？

答：企业标准可以等同内控标准，企业可以按照客户需求制订不同标准（客户标准），但不得低于国家标准。

> 【第一百六十五条】物料的质量标准一般应当包括：
> （一）物料的基本信息：
> 1. 企业统一指定的物料名称和内部使用的物料代码；
> 2. 质量标准的依据；
> 3. 经批准的供应商；
> 4. 印刷包装材料的实样或样稿。
> （二）取样、检验方法或相关操作规程编号；
> （三）定性和定量的限度要求；
> （四）贮存条件和注意事项；
> （五）有效期或复验期。

◆**问题 276**：包装材料的质量标准包括印刷包装材料的实样或样稿，如何进行实际的操作？

答：如果是指购入物料的印刷包装材料，一般可以采用实物、相片或图示的方式进行描述。

点评：此条款的目的是避免引起混淆以及外国文字无法辨识，操作中可以在文件中附上实物照片，以便使用时对照，对于非中文标识的应标注中文。

◆**问题 277**：购买原料只有注射用的法定标准，但是企业是用于固体制剂，还需要用法定标准全检吗？可不可以不做对固体制剂无影响的项目，如降压物质内毒素等项目？

企业在采购一些辅料的时候向生产辅料的厂家索要企业标准，但该企业以公司机密为由不给，而且这种辅料厂家的数量全国很少，没有企业标准就无法起草内控标准，这种情况下只能放弃该公司？

答：针对所提问题，企业应当根据物料使用的用途，识别出物料的关键质量属性，确定物料检测的项目、可接受标准范围，但必须与注册批准的标准一致或高于注册批准的标准，必要时，开发出相适应的检测方法。

点评：购买高于使用要求的原辅料时，对于中国药典未收载的原辅料，可以参考他国药典或行业标准以及其他同品种生产厂家的标准。如果这些信息都无法获得时，企业可以根据物料性质，参考同类物料的药典标准以及企业自身工艺的要求，识别出物料的关键质量属性，制订符合企业自身工艺要求、满足产品质量要求的标准。

◆**问题278**：物料的质量标准和成品的质量标准包括若干条内容，请问可以分散在几个文件中吗？还是一定要放在一个文件中？

答：可以分散，也可以放在一个文件中。

点评：物料和成品的相关内容可以根据适用岗位分别分散在不同的文件中。如物料取样的相关信息可以单独集中在一个文件或清单中，专为取样岗位使用。物料生产厂、物料编码、包装信息可以集中在物流部门的相关程序或附表中。

◆**问题279**：不同供应商的物料是否需要制订不同的内控质量标准？质量标准的制订可否不用完全按照供应商提供的标准，而是根据生产工艺和厂家标准，选取需要检验的项目？

答：企业可以制订高于供应商提供的质量标准的内控标准。

点评：原辅料、内包装材料的供应商不同，生产、合成工艺或者使用的溶剂、产生的杂质等都不尽相同，对药品质量的影响也不尽相同，所以应针对不同供应商的特点制订相应的质量标准。同时企业应根据自身工艺、产品特性制订符合企业要求的内控质量标准，企业内控标准应不低于药典和国家标准。原辅料检验不能少于药典和国家标准的检验的项目。内包装材料根据生产工艺和厂家标准，选取需要检验的关键项目。

◆**问题280**：物料标准、成品标准中的部分内容如供应商、实样/取样方法、贮存条件等定义在另外专门的文件中是否可以？第一百六十五条中规定的物料标准包括经批准的供应商、印刷包材实样/稿样/取样、有效期，若均有独立的文件、清单或电脑系统已做规定了，是否一定要求在质量标准中体现？比如说有独立的、经批准的供应商清单，独立的印刷包材实样，样稿管理，独立的取样管理文件等。

答：对于质量标准中需要明确的供应商、外包装标签、取样的方法、贮存条件等信息，企业根据文件系统的设定原则，可以集中在质量标准中，也可以在其他文件中规定，但其内容必须是完整的、可追溯的。

点评：除检验标准以外，质量标准的信息可能涉及多个职能部门和岗位，文件系统的编制企业也可以以方便为原则，将上述相关信息依据需求汇总成单独的附表供不同岗位使用。

【第一百六十六条】外购或外销的中间产品和待包装产品应当有质量标准；如果中间产品的检验结果用于成品的质量评价，则应当制定与成品质量标准相对应的中间产品质量标准。

◆**问题281**:"中间产品检验结果用于成品的质量评价"口服溶液灌装前进行中间体检验,是否可以不检成品含量项目?

答:口服溶液灌装前进行中间体含量检验的结果,不能用于成品的质量评价。

点评:不同产品的质量属性会在不同的工艺阶段形成和变化。对于口服溶液产品的含量、含量均匀性、微生物等项目会在制备、传送及灌装等不同工艺阶段随工艺操作、生产时间等因素发生变化。因此,口服溶液产品的含量、含量均一性、微生物等指标的检测样品需根据工艺验证的结果,根据灌装过程分时间段进行取样,以确保取样样品的代表性。

> 【第一百六十八条】每种药品的每个生产批量均应当有经企业批准的工艺规程,不同药品规格的每种包装形式均应当有各自的包装操作要求。工艺规程的制定应当以注册批准的工艺为依据。

◆**问题282**:工艺规程必须是一个独立的描述性文件吗?

答:工艺规程是GMP文件系统的重要组成部分,企业一般采用单独的文件类型,编制工艺规程。

◆**问题283**:工艺规程与批生产记录模板(原版空白的批记录)可以设计在一个文件内吗?

答:工艺规程与批生产记录是相辅相成的文件,工艺规程是批生产记录编制的基准文件,工艺规程规定投料、生产过程控制、物料使用等相关生产质量信息,是产品工艺实现的文字说明，批生产记录是生产过程实施结果的记录。

点评：工艺规程与批生产记录的内容相辅相成，通常情况下，工艺规程与批生产记录分开编制，也可以采用合并的方式编制。

◆**问题284**：原料药的生产过程，如果不是按固定量投料方式进行，是否也要按第一百六十八条执行？

原料药投料批量有大的调整和变化，是否每个批量（冻干原料药）都要写一个生产规程？合理的波动范围是多大？50%～150%是否可行？

答：第一百六十八条的规定要求是针对普通药品生产的总体要求，基于原料药生产的特殊性，关于投料量的要求可依照规范附录2第六章第二十七条（三）的规定执行。每一个生产量都要有一个规程，合理的波动范围是指生产中的误差。

点评：准确陈述每种原料或中间产品的投料量或投料比，包括计量单位。如果投料量不固定，应当注明每种批量或产率的计算方法。如有正当理由，可制订投料量合理变动的范围。合理的变动范围是指生产中可接受的控制范围。合理的变动范围应经过验证。

◆**问题285**：条款中"每种药品的每个生产批量"中的"每个批量"如何理解？

答：工艺规程规定药品生产的条件、药品生产的处方量、工艺路线和设备、生产控制要求等内容。药品生产批量是工艺规程编制的基准。因此，工艺规程应根据产品的生产批量来编制和规定各自批量条件下工艺规程所规定的内容。

点评：企业可以依据产品的特性、市场需求的季节差异等因素，对同一产品设置不同的生产批量或包装批量，所设置的每一个生产批量或包装批量均需要经过工艺验证，以确立合理的工艺路线和参数，建立不同的工艺规程和批生产记录。

◆**问题286**：每种药品的生产批量经过验证后，是否可以允许有几个生产批量？因为企业是按订单进行生产的，采购的原料都是整包装的，如果是唯一的批量，难免会出现零头原料，比如有的品种，一年生产不了几次，这样就令不可避免地带来损失。

答：批量的界定需要根据不同生产剂型与工艺的特点、设备性能、市场销售能力等因素进行划分，其划分原则是确保产品的均一性，便于产品的质量控制、质量追溯。因此，可以允许有几个生产批量，每个生产批量均要经过验证。

点评：企业可以依据产品的不同特点对同一产品设置不同生产批量、包装批量，不同生产批量的工艺应经过验证后确立合理的工艺路线和参数，建立不同的工艺规程和批生产记录。

【第一百七十条】制剂的工艺规程的内容至少应当包括：
（一）生产处方：
1. 产品名称和产品代码；

2. 产品剂型、规格和批量；

3. 所用原辅料清单（包括生产过程中使用，但不在成品中出现的物料），阐明每一物料的指定名称、代码和用量；如原辅料的用量需要折算时，还应当说明计算方法。

（二）生产操作要求：

1. 对生产场所和所用设备的说明（如操作间的位置和编号、洁净度级别、必要的温湿度要求、设备型号和编号等）；

2. 关键设备的准备（如清洗、组装、校准、灭菌等）所采用的方法或相应操作规程编号；

3. 详细的生产步骤和工艺参数说明（如物料的核对、预处理、加入物料的顺序、混合时间、温度等）；

4. 所有中间控制方法及标准；

5. 预期的最终产量限度，必要时，还应当说明中间产品的产量限度，以及物料平衡的计算方法和限度；

6. 待包装产品的贮存要求，包括容器、标签及特殊贮存条件；

7. 需要说明的注意事项。

（三）包装操作要求：

1. 以最终包装容器中产品的数量、重量或体积表示的包装形式；

2. 所需全部包装材料的完整清单，包括包装材料的名称、数量、规格、类型以及与质量标准有关的每一包装材料的代码；

3. 印刷包装材料的实样或复制品，并标明产品批号、有效期打印位置；

4. 需要说明的注意事项，包括对生产区和设备进行的检查，在包装操作开始前，确认包装生产线的清场已经完成等；

5. 包装操作步骤的说明，包括重要的辅助性操作和所用设备的注意事项、包装材料使用前的核对；

6. 中间控制的详细操作，包括取样方法及标准；

7. 待包装产品、印刷包装材料的物料平衡计算方法和限度。

◆**问题 287**：工艺规程中是否应当包括成品质量标准的内容？若有单独的文件体现，是否一定要在工艺规程中体现？

答：企业可根据文件体系的设置情况，将工艺规程与其他程序文件相同的内容，采用在工艺规程中引用相关文件名称、编码的方式，简化文件编写的复杂性、重复性问题。

点评：成品质量标准必须符合药典或注册质量标准的要求，其内容需要体现在工艺规程中，如果已经作为单独的文件存在，可在工艺规程中引用该质量标准文件。

◆**问题 288**：第八章第三节：工艺规程中要求的内容，如果在主批记录中均已规定，是否有必要再建立单独的工艺规程？（即是否可以将已批准的主生产记录 Master Batch Record 理解为工艺规程）——目前美国 FDA 申报产品均设有单独的工艺规程？

答：必须建立独立的工艺规程。

点评：2010 年版 GMP 沿用传统工艺文件的管理方式，

事先确定工艺规程，与欧美国家常用的主生产记录管理方式有所不同，采用工艺规程文件和空白批生产记录的方式，达到欧美 DMF 文件相似的效果。可以系统、完整地反映出药品生产相关的信息，便于药品生产、质量管理人员全面了解药品的处方、工艺要求、过程控制要求、质量检测、职业安全等信息。

◆**问题289**：没有对应的产品处方编号，是否可以用对应的产品工艺规程编号代替？

答：处方编号设置的目的是用于不同供应商、不同处方量的区别控制，以利于建立不同的工艺规程、质量标准、物料清单等基准。

点评：处方编号，企业可以根据管理需要自行规定编制方法。如企业没有处方控制的需要，可不必编制。

◆**问题290**：（三）中的包材"类型"是指什么内容？

答：材质、包装形式不同等，如铝塑板、PVC 瓶装。

◆**问题291**：工艺规程中的原辅料清单，是否应含最终灭菌产品洗瓶时吹干用压缩空气以及灌装用氮气？

答：与产品直接接触的生产介质需要纳入工艺规程进行规定，不必写入物料清单。

点评：原辅料清单是指包含在最终产品中的物料清单，压缩空气、氮气等工艺介质应进行相应的控制并包含在工艺规程中。

◆**问题292**：生产中所用的尼龙网是否要在批生产处方

中体现？

答：不需要。处方中不体现，操作规程中应体现。

点评：生产相关的物品，如周转用的塑料袋、清洁用纸、布等应有相应的控制，这些物品不是处方的一部分，无需体现在生产处方中。但是，作为能对产品质量产生影响的物品，应在批记录、操作规程中详细记录编码、材质、尺寸等关键信息，保证产品质量的稳定性、持续性。

> 【第一百七十二条】批生产记录应当依据现行批准的工艺规程的相关内容制定。记录的设计应当避免填写差错。批生产记录的每一页应当标注产品的名称、规格和批号。

◆**问题 293**：产品名称是指产品的名称与批号还是指生产过程中中间产品的阶段性名称与批号？我们是疫苗生产企业，中间产品的阶段性名称如：细胞悬液、单次病毒收获液、一次浓缩液，半成品才叫 xx 疫苗。

答：第一百七十二条提出批生产记录标明产品名称、批号和规格，是用于批记录的追溯控制，也便于操作人员进行现场生产操作与生产过程的控制使用。

药品生产企业可根据生产的不同的阶段划分，根据批记录划分的实际情况，推荐批记录上每一页的名称采用成品名称的方式，也可以采用不同生产阶段的产品名称进行标示。

> 【第一百七十三条】原版空白的批生产记录应当经生产管理负责人和质量管理负责人审核和批准。批生产记录的复制和发放均应当按照操作规程进行控制并有记录，每批产品的生产只能发放一份原版空白批生产记录的复制件。

◆**问题 294**：空白批生产记录（如粉碎岗位生产记录）是否需要加印流水号？

答：批记录也是 GMP 的重要组成部分，依照文件管理控制的规定，便于追溯和核对，一般都采用连续页码编号，维护批生产记录的完整性。并根据第一百七十二条、一百七十七条的相关规定，批生产记录、批包装记录每页上的标示批号，进行批记录的受控使用。企业可采用生产指令号在批记录上加生产指令号的方式进行生产批次的追溯性管理。

点评：批记录是记录产品生产从开始至结束的一份完整文件，为了维护批生产记录的完整性，粉碎岗位生产记录应为连续批记录的一部分，如粉碎岗位为独立工序应与批记录建立关联关系，为确保批记录的可控性批记，录应具有唯一性，而且每批记录的编号应连续，采用的批记录管理方式应确保除专人外其他人不可复制，负责管理记录的专人在替换记录时应记录日期和原因，被替换的记录应和正式记录同时保存。

◆**问题 295**："每批发一份纸质版空白批记录"，每批记录都要审核人和批准人签字吗？批包装记录中的"规格"是指包装规格吗？还是说明书中提到的规格？

答：复印批生产、批包装记录时，不用审核人和批准人再签字，仅在编制时审批签字。每批发一份纸质版空白批记录，且应登记。批包装记录中"规格"和说明书中提到的"规格"应一致，"规格"是指含量或装量。"包装规格"在说明书中的项目是"包装"，在第一百八十条中表述为"包装形式"。

点评：制剂的规格，系指每一支、每片或其他每一个单位制剂中含有主药的重量（或效价）或含量（%）或装量。注射液项下，如为"1 ml：10 mg"，系指 1 ml 中含有主药 10 mg；对于列有处方或标有浓度的制剂，也可同时规定装量规格。常用的"包装规格"含义为：包含包装材料和每一包装单位的描述。

建议的描述方式为：

规格：1 ml：10 mg 西林瓶装，10 ml/瓶，10 瓶/盒

或

规格：1 ml：10 mg

包装：西林瓶装，10 ml/瓶，10 瓶/盒

【第一百七十五条】批生产记录的内容应当包括：

（一）产品名称、规格、批号；

（二）生产以及中间工序开始、结束的日期和时间；

（三）每一生产工序的负责人签名；

（四）生产步骤操作人员的签名；必要时，还应当有操作（如称量）复核人员的签名；

（五）每一原辅料的批号以及实际称量的数量（包括投入的回收或返工处理产品的批号及数量）；

（六）相关生产操作或活动、工艺参数及控制范围，以及所用主要生产设备的编号；

（七）中间控制结果的记录以及操作人员的签名；

（八）不同生产工序所得产量及必要时的物料平衡计算；

（九）对特殊问题或异常事件的记录，包括对偏离工艺规程的偏差情况的详细说明或调查报告，并经签字批准。

◆**问题 296**：批生产记录应包含偏差说明，现我公司整

套批记录中除规定外,所有涉及本批生产的偏差全部复印后附于批记录中,偏差原件归档于专门的体系中,此情况下,是否还需要再在批生产记录中的备注项中写一遍偏差?

答:一般情况下,批生产记录会有生产异常情况记录栏,也应该在审核记录中记录偏差的追溯信息,填入有关偏差发生的信息记录。如有上述情况,就不需要在批记录中再写一遍偏差。但在批生产记录中需要填写相关偏差发生的经过、应急处理信息;在批记录审核过程中填写偏差处理的编号、关闭时间等信息,用于质量回顾时进行追溯。

点评:批记录是第一时间记录偏差和应急处理的最原始文件,是必须及时、真实地记录在批记录中的,是偏差调查的第一手资料。当偏差进入偏差处理流程后,批记录中仅需记录偏差单号即可,后续的调查处理可以参见该偏差号下的详细信息。

◆**问题297**:批生产记录设计(第一百七十五条第六小条)中的"相关生产操作或活动、工艺参数及控制范围"应怎样体现?必须先用文字进行描述,再留有空格,由操作人员填写吗?

答:通常采用SOP式批记录。

点评:批记录是指导现场操作人员依照工艺规程进行操作执行结果的记录文件。批记录应具备指导性、真实性和追溯性的原则,因此一般批记录设计对每一工艺操作的生产记录内容,通常采用操作指导+执行结果记录+人员确认的三栏方式进行设计。

◆**问题298**:物料平衡计算必须贯穿于每道工序吗?如

输液的流水生产线，在灌装时，机器读取的灌装数并不准确，我们可否在生产结束后，即包装成品后进行本批次产品的最终物料平衡？一批次只计算一次可以吗？

答：由企业自己根据不同剂型药品、生产控制要求，在必要的工艺阶段设置的物料平衡控制要求。一批次只计算一次不可以。

点评：物料平衡是产品生产过程中出现异常情况时控制质量的重要手段，也可以有效地预防物料、不合格品、印字包材的流失失控以及产品混淆，企业应根据自身工艺特点和设备状况制订能真实反映物料平衡状态的计算方式，合理设置物料平衡的控制点，以便及时、准确地发现生产中出现的异常状况。

◆**问题 299**：原料投料量，有专家建议，原料一般按 100% 投料，特殊情况也可适当提高投料量，但不要超过标示量的上限。如果一种药品的主要标示量很低，是微克级的，在生产中易被活性炭吸附和过滤损耗，在实际生产过程中投料量可达到标示量的 1.2 倍，这样是否合理？有些灭菌降解幅度数大的原料，我们的投料量也达到了 115%。

答：投料量应以批准的工艺为准，并符合 2010 年版药典的规定。

点评：产品的投料量是按确定的工艺投入生产、能满足标示量要求的原辅料数量，投料量的确定应考虑工艺过程中的合理损失，如容器的黏附、工艺中正常的降解、水分等的影响，投料量的确定应经过验证并应明确在被批准的工艺资料中，且不得违反注册批准的工艺规程。以确保药品在有效期内均符合质量标准。

◆**问题300**：物料平衡：成品量以标示量还是以检验出的平均重量计算？

答：应当以生产过程控制的平均灌装量的结果作为物料平衡的计算基准。

点评：根据物料平衡计算公式：（成品量＋取样量＋可收集的废弃量）/投料量，一般以重量单位进行计算。对于针剂、片剂、胶囊、栓剂等剂型可采用装量过程控制的整批次平均灌装量乘以成品数量的方式进行计算。

【第一百七十八条】批包装记录应当有待包装产品的批号、数量以及成品的批号和计划数量。原版空白的批包装记录的审核、批准、复制和发放的要求与原版空白的批生产记录相同。

◆**问题301**：口服固体制剂同一批不同包装产品，可不可以在内分装（压塑或瓶装）时，分成不同包装规格、不同批号？如："xx胶囊"投料100万粒，批号为110506，压塑时可否将其中40万粒作10粒包装，批号定位1105061，其余60万粒作12粒包装，批号定为1105062？

答：口服固体制剂批号应按照同一混合设备一次混合的产品为一批，用于药品生产、质量控制及产品释放进行批号控制。一批待包装产品可以采用不同包装规格进行包装生产，一般是采用同一产品批号进行质量追溯，对于不同包装规格的区别，可采用不同生产指令号的控制方式，用于生产批次生产计划、批记录的方法控制。也可以编制不同的批号。

点评：问题中描述的批号规则符合要求，批记录应具有可追溯性，应确保不同包装规格（批号）的产品与待包装产品的关联性，保证通过相关记录追溯到相应的待包装产品的批号和生产信息。

> 【第一百八十二条】厂房、设备、物料、文件和记录应当有编号（或代码），并制定编制编号（或代码）的操作规程，确保编号（或代码）的唯一性。

◆**问题302**：此条如何理解？如果口服固体制剂车间和液体制剂车间，两个车间为两栋建筑物，每个建筑物房间编号都从1001开始，是唯一的，但不同的两栋建筑物内房间号是重复的，这样是否可以？

答：厂房编号的目的是识别建筑与设备的安装位置，方便设备、工艺及生产管理。不同的建筑物通过不同的编号进行识别。提问中的编号方法不具唯一性，不可以。

点评：此类常用的方式是通过在厂房、设备的编号首位增加字母或使用不同的数字号段加以区别，如A建筑用A1001，B建筑用B1001，其目的就是防止混淆。

第九章　生产管理

> 【第一百八十四条】所有药品的生产和包装均应当按照批准的工艺规程和操作规程进行操作并有相关记录,以确保药品达到规定的质量标准,并符合药品生产许可和注册批准的要求。

◆**问题303**:原辅料在投料时,是否要折干、折纯,这样每批(同批量产品)原辅料投料量不同,这样做是否合理、合法?对于原料标准中含量要求已经较低且成品未规定上限的物料是否要折纯?物料处方,若在注册文件中,没提及主药投料要折纯折干,在实际生产中原料本身含量在99%以上,我们需要折纯、折干吗?

答:不需要。

点评:除有特殊规定外,投料时无需折干、折纯,按批准的物料质量标准、批准的工艺进行生产,物料和工艺过程能得到合理控制,应能持续稳定地生产出符合质量标准的产品。产品质量标准限度范围的确立也考虑到了原辅料含量等指标的波动。

◆**问题304**:上课老师讲到制剂生产可以按制剂标准限度的上限投料,即按110%投料,但在药品注册时,审评中心又明文规定只能100%投料,两条是否矛盾?如何操作?

答:不矛盾,可在工艺规程中制订。2010年版药典凡例指出:如果已知某一成分在生产或储存期间含量会降低,生产时可适当增加投料量,以保证有效期内含量能符合规定。遇到此类情况,按制剂标准限度的上限投料是符合规定的,也可经过验证,并符合注册要求,超过上限。

◆**问题305**：注射剂中辅料——活性炭的用量，一定要严格称量、准确投入使用吗？必须要加除尘罩除尘吗？比如按工艺处方比例以100 g，95 g或110 g用量投入使用有影响吗？（因为炭飞扬，操作过程不难，但是房间难清洁）。

答：应按照处方量投入使用。除尘必须考虑，但不一定是加除尘罩。

> **【第一百八十五条】** 应当建立划分产品生产批次的操作规程，生产批次的划分应当能够确保同一批次产品质量和特性的均一性。

◆**问题306**：生产过程因受总混锅量的限制，批量受限制。如果采取验证方法，证明产品是均一的，操作步骤是：先总混两锅，再分别从两锅中各取一半进行总混，可以吗？

答：此方法不足以证明产品是均一的。2010年版GMP第三百一十二条明确规定口服或外用的固体、半固体制剂在成型或分装前使用同一台混合设备一次混合所生产的均质产品为一批，此方法不符合规定。

点评：一般对最终混合的要求是在同一容器内、同一时间内完成的混合，并经确认证实物料的均一性。

◆**问题307**：小容量注射剂，一次配液后灌封，由于灭菌柜容量有限，因此一批药液灌封后要分两柜灭菌，灭菌和热原检查均按柜次取样检查，如保证产品生产的追溯性，我们对产品的批号制订为同一配液罐一次配制的药液为大批号，每一灭菌柜次为亚批号，产品出厂批号是大批号加亚批号的形式，即我们的批生产记录为"一头一尾"的形式，配液之前是大批号，从灭菌开始到灯检再到包装按亚批号分开记录，这样做妥否？

答：为完成某些生产操作步骤，可以采取亚批的方式，进行批号控制。

点评：对于问题中所提供的信息，可以采用统一配液分批制备灌装，采用分柜按亚批检验，但需要建立产品的质量追溯方法，最终产品可不用亚批号标示，也可以采用制备批号进行最终放行。

◆**问题308**：我们有一个最终灭菌品种，灭菌时有两个亚批号，如果根据附录1的方法取样，是否可以将无菌试验和动物实验作为一个批号来进行，而不是分作两个亚批号来做？

答：应该分别取样、分别检测，出一个报告书。如两个亚批号不一致，通过OOS调查处理。

◆**问题309**：经过回顾分析、验证及风险评估后，中药固体制剂能否采用1998年版GMP的要求进行多次混合作为一批？

答：最终混合应符合批的概念，在同一容器内一次完成混合。

【第一百八十六条】应当建立编制药品批号和确定生产日期的操作规程。每批药品均应当编制唯一的批号。除另有法定要求外，生产日期不得迟于产品成型或灌装（封）前经最后混合的操作开始日期，不得以产品包装日期作为生产日期。

◆**问题310**：一个配液罐的同一批产品，供两个灌装机分别生产不同规格的产品，是否可以？

答：可以，但要编制两个批号。

点评：一个配液罐的同一批产品，供两个灌装机分别生产不同规格的产品时，应按灌装机分别分配批号，防止混淆，批号应可追溯到配液罐的生产信息。注意合理计算、控制批平衡。

> 【第一百八十七条】每批产品应当检查产量和物料平衡，确保物料平衡符合设定的限度。如有差异，必须查明原因，确认无潜在质量风险后，方可按照正常产品处理。

◆**问题311**：每批产品必须要做物料平衡计算吗？能否仅做产量（成品率），只有当超过某个限度后再做平衡计算？因为成品率也可以反映混淆为质量问题？依据第一百七十五条，批记录上仅在"必要时"的平衡计算，能否理解为不是每批产品都要做平衡计算？

答：收率不能代替物料平衡，所以每批不同的主要生产工序必须做物料平衡。

点评：物料平衡的设置，其目的是防止混淆或差错风险事后进行控制的有效手段。产量（成品率）也称收率，其目的是反映批生产的经济指标。物料平衡与收率的计算的差异，在于物料平衡是否包括可收集的废品及生产过程、成品取样的数量，物料平衡可以准确反映物料的使用情况和去向。而收率因计算方式、设备装备水平、生产管理水平、生产作业方式不同受到干扰影响，难以发现混淆差错缺陷的出现。

◆**问题312**："条款中指出"确保物料平衡符合设定的限度，如有差异，必须查明原因"。这种物料平衡差异调查，是否按照偏差对待，并且展开偏差调查？

答：超出物料平衡限度范围的物料平衡差异属于偏差，当出现偏差后，应当进行偏差处理。

点评：物料平衡是产品生产过程中出现异常情况时控制质量的重要手段，也可以有效地预防物料、不合格品、印字包材的流失失控以及混淆。当出现物料平衡超限，说明生产过程出现了异常状况，根据批生产记录确定超限的工艺区间。应重点调查物料数量的多少，包括供应商供应的数量、称量（计量）的准确性；生产过程、称量过程是否有抛撒、残留、挥发，是否有与其他产品的混淆等因素。

【第一百八十八条】不得在同一生产操作间同时进行不同品种和规格药品的生产操作，除非没有发生混淆或交叉污染的可能。

◆**问题313**："不得在同一生产操作间同时进行不同品种和规格药品的生产操作"，口服制剂：如一个操作间有多台热风循环干燥箱，在同一天分不同时段对不同产品分别上料和收料生产，行不行？

答：对于口服制剂，交叉污染是药品生产的主要风险，对于同一操作间多台热风循环干燥箱同时进行多品种生产，有交叉污染的风险，仅上料和收料时分时段，不可行。

点评：对于固体制剂生产，热风循环干燥箱难以做到密闭生产，所以在同一天、不同时段吗，不得对不同产品分别上料和收料生产。

◆**问题314**：同一品种、同一规格产品的不同生产工序（物料状态不同）可否在同一操作间内进行？

答：可以在同一操作间内进行。

点评：在同一品种、同一规格产品的不同生产工序，在同一操作时间内进行生产应进行必要的风险评估，针对可能的风险进行必要的控制，防止不同工序间的交叉污染和混淆。如工序高API（活性成分）含量的物料交叉污染低API含量的工序，对产品质量、工艺过程产生影响。

◆**问题315**：不得在同一生产操作间内同时进行不同品种和规格药品的生产操作；对于同一品种、同一规格但不同批号的药品是否可以？

答：同一规格、不同批号的药品在同一生产操作间内同时进行生产，有发生混淆的风险，宜分开。不可避免时，同一品种、同一规格产品的不同生产工序在同一操作间内进行生产，应进行必要的风险评估，针对可能的风险进行必要的控制，防止不同工序间的交叉污染和混淆。

◆**问题316**：中药口服固体制剂车间与化学药口服固体制剂车间可否共用车间？

答：经过风险评估，决定是否可以。

点评：应经验证确认产品间无相互影响，验证时至少应考虑物料、原料、微生物、生产环境不相互影响，清洁后的残留符合规定。

◆**问题 317**：F_0 值小于 8 的中药注射剂可以与 F_0 值大于 8 的化药注射剂（最终灭菌）共用一条生产线吗？

答：应进行共线的风险评估，并且两种产品都严格执行非最终灭菌工艺的要求。

> 【第一百八十九条】在生产的每一阶段，应当保护产品和物料免受微生物和其他污染。

◆**问题 318**：对于非无菌 API（活性成分）一般区，如何确保免受微生物污染？

答：非无菌 API 一般区也应保护产品和物料免受微生物和其他污染，为保证成品的质量奠定基础。由企业根据产品的需要，通过过程控制，防止其他污染，还应决定是否采取免受微生物污染的控制措施。

点评：对于生产区的微生物控制，应从进入生产区的人员、生产设备设施器具、物料、相关控制程序文件、生产环境五个方面进行控制。

> 【第一百九十条】在干燥物料或产品，尤其是高活性、高毒性或高致敏性物料或产品的生产过程中，应当采取特殊措施，防止粉尘的产生和扩散。

◆**问题 319**：高活性物料和产品指什么样的产品和物料？

答：单位重量相对活性高的物质就是高活性物料。目前国内没有法定的评价方法,可以通过物料的 MSDS(材料安全数据表)等分类标准进行分类。

点评:高活性物料和产品是指以下几个方面活性高的物质:高生物活性(细菌、病毒等);高毒性、高致敏性(参考半致死量 LD50 数值);以及高环境风险的原辅料和药品。具体可参考《危险化学品名录》。

> 【第一百九十四条】每次生产结束后应当进行清场,确保设备和工作场所没有遗留与本次生产有关的物料、产品和文件。下次生产开始前,应当对前次清场情况进行确认。

◆**问题 320**:清场确认与生产前确认应由哪个部门或人员来进行?本部门指定人员?还是质量部人员?

答:清场检查属于药品生产过程控制中的一部分,此项工作一般由生产部门人员进行。

点评:清场检查,需建立以下工作:
1)建立清场控制程序,规定清场检查的项目、方法、检查时机、检查可接收标准、检查结果现场控制要求、检查结果记录等内容;
2)从事清场检查人员应经过培训与评价,予以岗位资格确认;
3)质量管理部门应对清场检查人员的检查进行评价,并对检查结果的相关记录进行审核。

◆**问题 321**:第一百九十四条和第二百零一条的区别;"每次""每批"企业要做到在每批生产结束后要清场设备

和场所与本次生产有关的物料,那是否每批压片结束后要把所有的模具和冲头都折下来清场使之符合要求?

答:"每次""每批"的表述没有本质的区别。第一百九十四条和第二百零一条都要求每个生产阶段生产结束后进行清场,第一百九十四条的内容是讲清场的原则要求,主要是生产后的清场要求和生产前的清场确认的要求,第二百零一条主要是清场记录的具体要求。药品生产根据剂型、生产工艺要求、生产作业方式等不同,清场可采用单批次生产或多批次连续生产两种方式。对于连续生产,经过风险评估,可以采用大清场或小清场两种方式。

点评:单批次生产的产品每次结批后需要把所有与物料接触的部分进行彻底的清洁、清场,所有与上批相关的生产物料、文件等清离现场,使之符合下次生产的要求,即所谓的"大清场",即包括把所有的模具和冲头都折下来清洁。多批次连续生产的产品可以在批与批间进行所谓的"小清场",即仅需将标识有上一批批号的产品、文件等与下批生产无关的物料进行清场。不必把所有的模具和冲头都折下来清洁,对设备外表面及环境进行清洁。

【第一百九十七条】生产过程中应当尽可能采取措施,防止污染和交叉污染,如:
(一)在分隔的区域内生产不同品种的药品;
(二)采用阶段性生产方式;
(三)设置必要的气锁间和排风;空气洁净度级别不同的区域应当有压差控制;
(四)应当降低未经处理或未经充分处理的空气再次进入生产区导致污染的风险;

（五）在易产生交叉污染的生产区内，操作人员应当穿戴该区域专用的防护服；

（六）采用经过验证或已知有效的清洁和去污染操作规程进行设备清洁；必要时，应当对与物料直接接触的设备表面的残留物进行检测；

（七）采用密闭系统生产；

（八）干燥设备的进风应当有空气过滤器，排风应当有防止空气倒流装置；

（九）生产和清洁过程中应当避免使用易碎、易脱屑、易发霉器具；使用筛网时，应当有防止因筛网断裂而造成污染的措施；

（十）液体制剂的配制、过滤、灌封、灭菌等工序应当在规定时间内完成；

（十一）软膏剂、乳膏剂、凝胶剂等半固体制剂以及栓剂的中间产品应当规定贮存期和贮存条件。

◆**问题322**：原料药要求包装环境D级（约10万级），外装（复合塑料编织袋）能够进入D级环境吗？

答：复合塑料编织袋应不脱落纤维，并进行有效地清洁处理后，可以进入。

◆**问题323**：一个房间中有两个罐子，一个用于溶解原料，另一个用于中间产品贮存，有可能溶解的与中间贮存的是不同批次的，允许吗？

答：允许。应有防止差错和防止交叉污染的措施。

点评：储罐有良好的密封性，可以保证罐与罐之间不相互影响，操作中如果使用挥发性强的溶剂，应避免两罐同时暴露操作造成影响。

> 【第一百九十九条】生产开始前应当进行检查,确保设备和工作场所没有上批遗留的产品、文件或与本批产品生产无关的物料,设备处于已清洁及待用状态。检查结果应当有记录。
>
> 【第二百零一条】每批药品的每一生产阶段完成后必须由生产操作人员清场,并填写清场记录。清场记录的内容包括:操作间编号、产品名称、批号、生产工序、清场日期、检查项目及结果、清场负责人及复核人签名。清场记录应当纳入批生产记录。

◆**问题 324**:(1)在通常的连续生产状态下,两批产品通常会连续进行,按照第二百零一条,生产后应做清场,紧接着按照第一百九十九条,又需要再次进行清场确认检查,可否在连续生产状态下把两个步骤合为一步,在生产前进行?

(2)目前欧盟、美国均强调在生产前进行清场,通常在生产后就不再做清场了。请问我国要求在生产后清场的主要目的是什么?(如果清场的目的是防止污染,在生产前进行就应该可以了。)

答:药品生产的清场包括设备、容器清洗和现场清理。不同的生产方式,其清场的内容有所不同,如采用连续生产方式的生产清场,在连续生产换批时,清场仅做现场清理,设备外表面及环境的清洁,不做设备内表面清洗,但必须进行清场;如换产品或生产到一段时间后进行设备清洗,清场不仅要做现场清理,而且还要对设备进行清洗。

点评:生产后清场确认的目的是避免上批物料的遗留,

避免对生产环境的污染。生产前的清场其目的是对上批生产清场结果进行确认,并确认与药品直接接触的设备部件、器具的清洁状态,避免产品污染和交叉污染的风险发生。

对于连续生产方式清场检查,换批生产时的检查目的是检查上批物料、产品、文件的清理完成结果,检查合格后,方可转换为下批号产品生产。生产结束应及时清场,避免微生物的滋生或产品的降解。欧盟、美国并没讲生产后就不再做清场,在生产前进行。不能把生产后的清场和生产前的清场确认混为一谈。下批次生产前的清场检查,其目的是检查上批清场结果是否达到本批生产过程的要求。

【第二百零二条】包装操作规程应当规定降低污染和交叉污染、混淆或差错风险的措施。

◆问题325:产品包装,有些异型片或丸不适宜自动机器装瓶,只能手工装瓶,可否?

答:特殊情况下,可以手工包装。注意防止污染和交叉污染。

【第二百一十三条】包装期间,产品的中间控制检查应当至少包括下述内容:
(一)包装外观;
(二)包装是否完整;
(三)产品和包装材料是否正确;
(四)打印信息是否正确;
(五)在线监控装置的功能是否正常。
样品从包装生产线取走后不应当再返还,以防止产品混淆或污染。

◆**问题326** （1）样品从包装生产线取走不应当再返还？如果采用手工包装，中间控制检查也在包装现场进行，能否将样品返还？

（2）样品从包装生产线取走后不应当再返还，如何执行？对包装生产线的取样进行评价，确认无混淆或污染风险后放回，并在文件中明确规定，这样可以吗？

答：第二百一十三条设置的目的是防止包装生产过程中因过程控制需要取样进行非破坏性试验，目检时发生混淆的风险。因此，依据第五十六条有关中间控制区域的设定原则，一般在包装生产线现场设置中间控制检测台，包装生产中间控制可以在现场进行检查，可避免样品离开生产线。企业不应当采用风险评估作为企业不遵守或不执行某条法规的理由和借口。

点评：企业应合理设置中间控制检查场所，一般建议中间控制设置在生产现场。对于已完成初级包装的产品进行非破坏性试验的，在确认无混淆或污染风险、质量合格后可以放回生产线。

第十章 质量控制与质量保证

【第二百一十七条】质量控制实验室的人员、设施、设备应当与产品的性质和生产规模相适应。

企业通常不得进行委托检验。确需委托检验的，应当按照第十一章中委托检验部分的规定，委托外部实验室进行检验，但应当在检验报告中予以说明。

◆**问题327**：空调系统检漏采用尘埃粒子计数器扫描是否不认可？

答：单纯的尘埃粒子计数器测试很难证明其完整性。H11以下的过滤器没有泄漏标准，H11以上的宜用PAO检测（H11亚高效或中效，考虑欧洲标准与国内初、中、高的对应）。非无菌药品可采用，无菌药品不应采用。

◆**问题328**：2010年版GMP实施后，企业中心检验室中无菌洁净室空气洁净度的检测标准是什么？洁净室内百级工作台的检测时，其中尘埃粒子的采样量是否需要按无菌灌装区A级标准进行？采样量是否需要不少于1立方米？

答：其检测标准是C级下的A级。采用国标GBT16292—2010医药工业洁净室悬浮粒子检测方法。

【第二百一十八条】质量控制负责人应当具有足够的管理实验室的资质和经验，可以管理同一企业的一个或多个实验室。

◆**问题329**：质量控制负责人的资质要求具体是什么？和质量控制检验人员的资质一致还是要高一些？

答：质量控制负责人的资质和质量控制检验人员的资质可以一致或要高一些。质量控制负责人的资质要求应至少满足：具有相关专业中专或高中以上学历，并经过与所从事的检验操作相关的实践培训且通过考核。

> 【第二百一十九条】质量控制实验室的检验人员至少应当具有相关专业中专或高中以上学历，并经过与所从事的检验操作相关的实践培训且通过考核。

◆**问题330**：质量控制人员的资质要求，企业原有部分从事QC工作多年的QC人员只有初中学历，该条款是否为强制要求？

答：是强制要求。

◆**问题331**：检验人员须经过与所从事的检验操作相关的实践培训且通过考核。是不是药企的QC只要经过公司内部的岗位知识培训并考核合格就能上岗，不再需要经过药检或药监部门认可的机构培训后发证上岗？

答：具体情况可以参照药品监督行政主管部门的要求执行，如果当地药品监督行政主管部门没有具体要求，公司可以进行内部培训和实践考核。

> 【第二百二十一条】质量控制实验室的文件应当符合第八章的原则，并符合下列要求：
> （一）质量控制实验室应当至少有下列详细文件：
> 5、必要的环境监测操作规程、记录和报告；

◆**问题332**：空调系统验证（再验证）悬浮粒子的监测

第十章 质量控制与质量保证

周期是多久？浮游菌，沉降菌的监测周期？我公司规定动态三天，静态三天是否合适？

答： 空调系统验证（再验证）的静态：三天检测数据。动态也应监测，通常为七天。WHO要求验证时连续20天动态环境监测。

点评： 浮游菌、沉降菌的日常监测周期，根据不同的洁净等级、日常监测结果的趋势分析及风险评估，确定监测频次。

◆**问题333：** HVAC系统停止使用一段时间后，是否必须对浮游菌、沉降菌进行测试？采样时采样点是否必须与验证的点一致？GB16292、GB16293、GB16294与ISO14644-1的标准，采取哪个？日常监测时以哪个为准？

答： HVAC系统停止使用一段时间，需要对浮游菌、沉降菌进行测试。采样点与验证的点不一定一致。尘埃粒子检验ISO14644-1，或按GMP附录执行，沉降GB16292、浮游GB16293可以继续沿用。非无菌药品生产HVAC系统停止使用时间较短，在保证空调系统运行达到自净时间的情况下，能保证系统满足要求，可以不检测浮游菌、沉降菌。

点评： 空调系统停止使用一段时间后是否需要检测，也可以通过验证的方式确认空调系统的自净时间，在保证空调系统运行时间达到自净时间的情况下，能保证系统满足要求，可以不检测。但周期性的监控应按时进行。验证时应考虑其他空调机组的运行状况对验证机组的相互影响。

【第二百二十二条】取样应当至少符合以下要求：

（一）质量管理部门的人员有权进入生产区和仓储区进行取样及调查；

（二）应当按照经批准的操作规程取样，操作规程应当详细规定：

1. 经授权的取样人；
2. 取样方法；
3. 所用器具；
4. 样品量；
5. 分样的方法；
6. 存放样品容器的类型和状态；
7. 取样后剩余部分及样品的处置和标识；
8. 取样注意事项，包括为降低取样过程产生的各种风险所采取的预防措施，尤其是无菌或有害物料的取样以及防止取样过程中污染和交叉污染的注意事项；
9. 贮存条件；
10. 取样器具的清洁方法和贮存要求。

（三）取样方法应当科学、合理，以保证样品的代表性；

（四）留样应当能够代表被取样批次的产品或物料，也可抽取其他样品来监控生产过程中最重要的环节（如生产的开始或结束）；

（五）样品的容器应当贴有标签，注明样品名称、批号、取样日期、取自哪一包装容器、取样人等信息；

（六）样品应当按照规定的贮存要求保存。

◆**问题334**：取样授权一定要授权书吗？谁授权？如在

第十章 质量控制与质量保证

工作说明书中明确此职责可否？

答：在职务说明书中明确取样员职责，取样员经过考核取得资质，一般由质量管理部门授权，以书面的形式公布取样员的名单。

◆**问题335**：样品的容器应当贴有标签，注明样品名称、批号、发取样日期，取自哪一个包装容器、取样人等信息。样品取样是多个容器、多个点并混合后才能具有代表性，那么如何注明其来源？

答：每个取样容器都要有标识，如果需要混合的，应在规定的数量之内混合，并在实验室进行。剩下的独立样品继续保留到检验结果完成后按规定处理。

◆**问题336**：留样是指取样后用于检验的部分，还是检验完毕用于留存的样品？

答：留样一般与检验用样同时取样，分为检样和留样两部分。一般不建议用检验完毕的样品作为留样，因为在检验过程中该部分样品所受的影响不确定。

◆**问题337**：取样、分样后的剩余样品如果不做无菌和微生物检测，可否重新放入包装中？

答：不允许。

点评：取样、分样后的剩余样品很难确保物料不受取样、分样过程的影响。不做无菌和微生物检测的样品，由于取样环境、包装容器等针对非无菌条件，更难保证物料不受微生物污染，也不能确保物料的理化性质不受影响，产品的安全性、有效性无法保证。操作中应合理计算样品量,避免取样量过多对工作造成的浪费和不便。

◆**问题338**:成品取样可否根据实际情况进行,如胶囊剂受热收缩包装后装箱前取样是否可以?颗粒剂在装箱时取样,可否?

答:可以。

点评:样品应能代表整批产品的质量属性。企业可以根据产品和工艺特性,证实产品完成包装后质量属性不发生变化,可以在装箱前取样,但应注意成品留样应与市面销售包装保持一致。

◆**问题339**:取样后物料是否仍可返回原批次,如原辅料?

答:原则上不允许。但如贵细中药材等取样检验后,无混淆、交叉污染的风险,可返回原批次。

点评:操作中很难保证物料不受取样、分样过程的影响,不影响生产过程和产品,未使用完的样品建议销毁。企业应合理计算每种物料的取样量,以文件形式明确规定,以防取样偏差。

◆**问题340**:成品的取样数量应包括在成品的批数量内吗?

答:无要求,企业可自行掌握,但须记录在批记录中。

◆**问题341**:固体制剂或制剂类产品:中间体的取样可否在物料暂存间取样?

答:可以。如果环境能满足要求、且取完样后能彻底清洁,防止污染和交叉污染。

◆**问题342**：如果不能一次性取完样品（如生产过程取样），样品可否放在生产岗位？

答：如果环境能满足要求，且有明显标识，可以暂时存放在生产岗位。

点评：如需将样品存放在生产岗位上应加强管理，防止样品的混淆和丢失。

◆**问题343**：成品的请验是否一定要在外包完成后取样？如微生物检测是否可以在内包完成后；含量检测在成型（如压片）后？

答：可以。微生物检测在内包完成后进行；含量检测在成型（如压片包衣后）后进行。

◆**问题344**：取样后剩余部分的处理，是指取样分样后的样品还是指被取样的产品？

答：是指容器剩下的部分，就是将用于生产的那部分产品。

【第二百二十三条】物料和不同生产阶段产品的检验应当至少符合以下要求：

（一）企业应当确保药品按照注册批准的方法进行全项检验；

（二）符合下列情形之一的，应当对检验方法进行验证：

1. 采用新的检验方法；

2. 检验方法需变更的；

3. 采用《中华人民共和国药典》及其他法定标准未收载的检验方法；

4. 法规规定的其他需要验证的检验方法。

（三）对不需要进行验证的检验方法，企业应当对检验方法进行确认，以确保检验数据准确、可靠；

（四）检验应当有书面操作规程，规定所用方法、仪器和设备，检验操作规程的内容应当与经确认或验证的检验方法一致；

（五）检验应当有可追溯的记录并应当复核，确保结果与记录一致。所有计算均应当严格核对；

（六）检验记录应当至少包括以下内容：

1. 产品或物料的名称、剂型、规格、批号或供货批号，必要时注明供应商和生产商（如不同）的名称或来源；

2. 依据的质量标准和检验操作规程；

3. 检验所用的仪器或设备的型号和编号；

4. 检验所用的试液和培养基的配制批号、对照品或标准品的来源和批号；

5. 检验所用动物的相关信息；

6. 检验过程，包括对照品溶液的配制、各项具体的检验操作、必要的环境温湿度；

7. 检验结果，包括观察情况、计算和图谱或曲线图，以及依据的检验报告编号；

8. 检验日期；

9. 检验人员的签名和日期；

10. 检验、计算复核人员的签名和日期。

（七）所有中间控制（包括生产人员所进行的中间控制），均应当按照经质量管理部门批准的方法进行，检验应当有记录；

（八）应当对实验室容量分析用玻璃仪器、试剂、试液、对照品以及培养基进行质量检查；

（九）必要时应当将检验用实验动物在使用前进行检验或隔离检疫。饲养和管理应当符合相关的实验动物管理规定。动物应当有标识，并应当保存使用的历史记录。

◆**问题345**：哪些检验方法或在何种情况下，要做"检验方法确认"？

答：第二百二十三条：（三）对不需要进行验证的检验方法，企业应当对检验方法进行确认，以确保检验数据准确、可靠。

点评：一般使用法定来源的检验方法前需做检验方法确认。法定来源的检验方法是指已经过法定机构的方法验证，方法本身的可靠性准确性已得到确认，方法确认的目的是通过方法确认来证明在本实验室条件下的适用性，确认本实验室具备检验条件和检验能力，能确保检验数据的准确性、可靠性。如果已使用多年的检验方法能确保检验数据的准确性、可靠性、不需要再补充确认。其他，如干燥失重、pH、炽灼残渣等实验室日常测试操作步骤不需方法确认。

◆**问题346**：检验记录是否需要检验负责人签字？

答：需要适当的复核人签字，不一定必须检验负责人签字。

◆**问题347**：如何对不需要验证的检验方法作确认？

答：检验方法作确认可以理解为简要的检验方法验证，以含量为例：一般应确认准确度、系统重复性、分析重复性、专属性。确认的目的：一是确认产品是否适用这个检验方法，尤其是制剂处方中的辅料是否会有干扰；二是确认实验室的条件能否用这个检验方法获得准确的结果，包括仪器设备、环境、人员等方面。

点评：方法确认事实上是一种简化了的方法验证，物料产品中不需要进行验证的检验方法以及药典方法和其他已验证的法定标准。通过方法确认来证明在本实验室条件下的适用性。方法确认应进行准确度、精密度、专属性等测试。操作及限度要求同方法验证。对于特殊检验方法、确认项目及限度可作适当调整，以确认草案为准。

参见下表

第一类方法：定量测定散装药品中主成分或成品药中活性组分（包括防腐剂）的分析方法；

第二类方法：测量散装药品中杂质或成品药中降解化合物的分析方法，包括定量测定和限度实验；

第三类方法：测量药品性能特性（如溶出度、释放度）的分析方法；

第四类方法：鉴别试验。

验证项目	第一类方法	第二类方法 定量分析	第二类方法 限度实验	第三类方法	第四类方法
准确度	是	是	＊	＊	否
精密度	是	是	否	是	否
专属性	是	是	是	是	是
检出限	否	否	是	＊	否
定量限	否	是	否	＊	否
线性	＊	＊	否	＊	否
范围	＊	＊	＊	＊	否

＊根据特殊实验的性质决定相应数据是否需要。

◆**问题 348**:有一些检验方法已经是《中国药典》方法,但企业的注册标准,仍然是试行标准或没有转正,如黄芪甲苷的含量测定,现在都是《中国药典》标准(液相),但企业注册质量标准仍然是薄层扫描,请问企业应如何解决?

答:按药典升版标准并进行方法确认。

点评:药品注册标准不符合《中国药典》有关要求的,药品生产企业应按《药品注册管理办法》的有关规定提出补充申请。对于药品注册标准中收载的检验项目多于《中国药典》规定的或质量指标高于《中国药典》要求的,在执行中国药典的基础上,应同时执行原标准的相应项目和指标。问题中提及的薄层扫描法质量指标不高于《中国药典》的高效液相色谱法。

◆**问题 349**:规定对药品全检是否可以理解为:药品的某项项目的检验结果可以引用其中间产品的检验数据和结果?

答:这样做一定是以科学合理的工艺分析为基础,结合产品及生产工艺特性,以及研究、验证数据做支持。

点评:引用中间产品的检验数据和结果,作为后续产品或最终产品的结果时,应以科学合理的工艺分析为基础,结合产品及生产工艺特性,以及研究、验证数据做支持。应考虑再加工过程中,光、温度、湿度、空气、微生物等工艺条件和环境因素对结果和数据准确性的影响,确保后续工艺对某项目的检验结果无影响。

◆**问题 350**:原辅料的检验方法按《中国药典》或国标检测需要确认吗?我公司多数原辅料方法已使用多年,还需再补充确认吗?

答：原辅料的检验方法按《中国药典》或国标检测需要确认，已使用多年的检验方法不需要补充确认。

◆**问题351**：包材是否一定需要按注册标准制订全项的内控标准？是否可以减免？全项检验一段时间后，是否可以部分检验，出部分检验的报告，放行使用？

答：包材可以不用全项检验，但应经过评估确认企业内控标准。企业应向供应商索取形式检验报告书和每批包材出厂检验报告书。

点评：形式检验（周期检验）是指出现以下条件时需进行的检验：
1) 新产品投产前（包括老产品转产）；
2) 连续生产时每年不少于一次；
3) 停产一年以上再投产；
4) 设计、工艺、材料有重大改变时；
5) 国家质检部门组织的质量检查时；
6) 其他法律法规规定的必要时。

形式检验的目的是监控生产商持续生产的产品的质量稳定性，同时确保在发生变化时产品的质量稳定性。

◆**问题352**：成品内控标准要高于《中国药典》2010年版，如增加检验项目，在成品报告上是否需要体现？药品放行标准不是CP2010吗？还是增加检验项目仅限于企业内控？

答：药品放行标准应按企业的内控放行标准执行，成品检验报告上不强制要求体现内控标准增加的检验项目或提高的指标。

◆**问题 353**：待包装产品检验后是否开具检验报告。如果开具了待包装产品检验报告，相应的原始检验记录及图谱肯定是附在检验报告后，但这些项目可作为成品放行时的质量评价，就是说成品检验可不再进行相应的项目（如大容量注射剂的无菌检查项目），那么，在成品检验报告后如何附检验原始记录及图谱？

答：按实际情况保存，要能够追溯，并便于审查评价。

◆**问题 354**：非无菌原料药药典正文中没有微生物限度检验项目，企业是否要抽检？抽检的频率有规定吗？

答：可以抽检，企业根据自己情况制定抽检频率。

◆**问题 355**：中间产品的含量或其他项目，可否用代替方法检验，如成品用高效液相色谱法，中间产品用紫外可见分光光度法（经过方法学验证）？

答：经过方法学验证可以。

点评：《中国药典》规定：如采用其他方法，应将该方法与规定的方法做比较试验，根据试验结果掌握使用，但在仲裁时仍以本版药典规定的方法为准（凡例第二十三条）。

◆**问题 356**：中间产品的检验结果用于成品的质量评价，是否说明中间产品已检测的项目，成品不用再做该项目的检验，比如：中间产品已做了压片的片重差异、溶出度等，是否成品检验时可以不做片重差异、溶出度？

答： 必须有完整的数据支持和风险分析以及风险评估、风险控制。如后续工序对检测项目的指标有影响，则不可以用于产品的质量评价。

◆**问题 357：** 原料药质量标准中的性状项有溶解度描述，公司需要检查溶解度吗？

答： 应该检查。

◆**问题 358：** 是否可以不等中间产品、待包装产品的检验结果就进行下一步操作？

答： 根据第二百二十三条（1）项的要求，企业可以采用连续生产方式无需等待中间产品、半成品、待包装品操作，但企业可以采用以下方式进行控制：
1）通过产品工艺验证、年度回顾等工作评定工艺的可靠性；
2）产品是连续生产产品；
3）可规定中间体、半成品、待包装产品及成品的特殊控制要求。

点评： 企业采用连续生产方式，无须等待中间产品、半成品、待包装品的检验结果，应基于工艺验证、年度回顾的信息，一般要求过程能力指数 PPK>1.33。未完成释放检验的产品不得释放销售。

> 【第二百二十四条】质量控制实验室应当建立检验结果超标调查的操作规程。任何检验结果超标都必须按照操作规程进行完整的调查，并有相应的记录。

◆**问题 359：** OOS 调查人如何确定？

答: 首先应进行实验室调查，确认有无实验室偏差，如果不是实验室偏差，应组织富有经验的专业人员对相关过程进行调查。

点评: OOS 一般分为实验室偏差和非实验室偏差两类。实验室偏差应调查任何与检验过程相关的因素所引起的检验结果偏差：包括质量标准、取样、样品容器、存放条件、检验操作、计算过程、使用试剂、设备故障、检验人员等问题引起的偏差。实验室偏差应由实验室的专业人员进行调查。

非实验室偏差是指在排除实验室偏差以外的由于其他任何因素所引起的检验结果偏差。该类偏差可以分为以下三种：

1. 非生产工艺偏差：系指因生产操作者未按程序操作、设备故障或用错料等原因引起的检验结果偏差。该偏差应由 QA 或生产部门或设备管理部门的专业人员调查。

2. 生产工艺偏差：指因生产工艺本身缺陷引起的检验结果偏差，即使人员操作、设备和物料完全正确也不可避免。该偏差应由工艺相关的专业人员调查。

3. 如果是物料本身带来的偏差，调查时分为两种情况：

（1）进厂检验产生偏差，首先应由 QA 或物流部门调查接收、暂存过程是否存在偏差，如无偏差应由供应商管理部门通知物料生产商调查其生产、储存过程有无偏差，同时调查运输过程是否有偏差；

（2）如果进厂检验合格，在使用或储存过程出现偏差，应由 QA 或物流部门调查存储条件以及称量过程是否有偏差。

【第二百二十五条】企业按规定保存的、用于药品质量追溯或调查的物料、产品样品为留样。用于产品稳定性考察的样品不属于留样。

留样应当至少符合以下要求:

(一) 应当按照操作规程对留样进行管理;

(二) 留样应当能够代表被取样批次的物料或产品;

(三) 成品的留样:

1. 每批药品均应当有留样;如果一批药品分成数次进行包装,则每次包装至少应当保留一件最小市售包装的成品;

2. 留样的包装形式应当与药品市售包装形式相同,原料药的留样如无法采用市售包装形式的,可采用模拟包装;

3. 每批药品的留样数量一般至少应当能够确保按照注册批准的质量标准完成两次全检(无菌检查和热原检查等除外);

4. 如果不影响留样的包装完整性,保存期间内至少应当每年对留样进行一次目检观察,如有异常,应当进行彻底调查并采取相应的处理措施;

5. 留样观察应当有记录;

6. 留样应当按照注册批准的贮存条件至少保存至药品有效期后一年;

7. 如企业终止药品生产或关闭的,应当将留样转交受权单位保存,并告知当地药品监督管理部门,以便在必要时可随时取得留样。

(四) 物料的留样:

1. 制剂生产用每批原辅料和与药品直接接触的包

装材料均应当有留样。与药品直接接触的包装材料（如输液瓶），如成品已有留样，可不必单独留样；

2. 物料的留样量应当至少满足鉴别的需要；

3. 除稳定性较差的原辅料外，用于制剂生产的原辅料（不包括生产过程中使用的溶剂、气体或制药用水）和与药品直接接触的包装材料的留样应当至少保存至产品放行后二年。如果物料的有效期较短，则留样时间可相应缩短；

4. 物料的留样应当按照规定的条件贮存，必要时还应当适当包装密封。

◆**问题360**：我公司产品外包装盒上有防伪贴，如要对产品留样观察，要打开防伪贴，且防伪贴不能复原，这可以视为破坏包装完整性吗？

答：不应视为破坏包装完整性。

◆**问题361**：包装完整性是指外包装的完整性还是内包装的完整性？

答：内包装的完整性。

◆**问题362**：生产过程中物料暂存接触容器是否也需按"物料留样"要求进行每批2倍全检量的留样（如PE食品袋）？

答：目前法规无要求。

点评：与物料直接接触的材料或包装容器应进行相应的检验和控制，或有相应的材质证明，确保材料为食品级或药用级，不对产品和物料质量产生影响。

◆**问题363**：原辅料和内包装材料的留样时间不得超过有效期吗？如果产品放行后两年已超过有效期，是不是只需留样到有效期？

答：原辅料和内包装材料的留样时间至少保存至产品放行后两年。如果物料的有效期较短，则留样时间可相应缩短。为了有利于追溯和调查，建议选取较长的保存期限。

◆**问题364**：每批药品的留样至少确保两次全检量，请问可见异物检查除外吗？

答：可以除外。

点评：产品完成释放检验合格后，某些检验项目就不会再发生变化。如可见异物检查、无菌检查、热原等项目在不破坏包装完整性的情况下，一般不会发生变化，留样时这些项目可以不计算在留样量内。

◆**问题365**：因为留样量大，大输液的持续稳定性考察是不是要求在专用区域内考察？另外大容量注射剂的留样可否参照第二百二十五条，留样的量按质量标准完成两次全检即可呢？

答：不要求专用区域，但要在恒温恒湿箱、相应控温控湿设备或控温控湿房间内进行考察，使持续稳定性考察的条件符合《中国药典》规定的相应的长期稳定性试验的条件。恒温恒湿箱、相应控温控湿设备或控温控湿房间应经过验证，包括温湿度分布验证。持续稳定性考察的样品不能称为留样。

点评：持续稳定性考察应符合《中国药典》规定的条

件。在恒温恒湿箱或相应控温控湿设备、房间内进行考察,设备无放置专用区域的要求,设备放置区域应满足设备正常运行的要求。

◆**问题366**:原料血浆作为原料是否需要留样?

答:不需要。

◆**问题367**:制剂生产使用的每批原辅料均应留样,是否指高风险剂型,如大输液和小容量注射剂?而一些风险较低的制剂,如片剂等也需要每批留样吗?这样留样量实在太大了。另外如果原辅料供应商没有发生变更,且质量审计很好,是否留三批代表性样品即可?

答:制剂生产使用的每批原辅料均应留样,便于追溯和调查。

◆**问题368**:"留样应当至少保存至产品放行后二年"。这里的"产品"是指原辅料、直接接触的包装材料还是指成品?

答:此处"产品"指成品。如生产中间产品并销售的,产品也指中间产品。

点评:产品是指药品的中间产品、待包装产品和成品。成品指已完成所有生产操作步骤和最终包装的产品。物料留样的目的是确保成品上市后,如需对相关物料进行调查,能保证有足够的样品进行调查和追溯。

◆**问题369**:法规的第二百二十五条中的"无菌检查和热原检查除外"怎么理解?是不用两倍留样还是留样数量不必考虑无菌检查和热原检查的样品?

答：留样数量不必考虑无菌检查、热原、可见异物检查的样品。

◆问题370：与药品直接接触的内包材保存至效期后2年，如"丁基塞"本身有效期为3年，如果在1年时使用它，还有必要留效期后2年吗（产品效期为2年)?

答：需要。与药品直接接触的内包材留样至产品放行后2年，不是与药品直接接触的内包材保存至包材效期后2年。与药品直接接触的包装材料（如输液瓶、丁基塞），如成品已有留样，可不必单独留样。

◆问题371：是否理解为包装材料的留样以物料的效期为参考而不是以产品的效期为参考？

答：既考虑产品的效期，也考虑物料的效期，以有利于产品出现问题时进行调查。

◆问题372：关于原料药留样目检观察：是否需要检查每个批次？

答：原料药生产企业需要定期目视检查每个批次。

◆问题373：原料药检查需要拆开包装，不具备可操作性，特别是批次很多的产品，怎么办？

答：目视检查应以不破坏包装的完整性为前提。

◆问题374：可否用每年新增批次稳定性结果数据来评估，替代留样观察？

答：不可以。

点评：稳定性考察是对产品质量的考察，对批次的覆盖面是有限的，留样定期目视检查是考察留样外观的变化。

◆**问题375**：无菌原料药生产用的外包装材料纸箱需不需要留样？

答：不需要。

◆**问题376**：无菌原料药用小铝听留样，需不需要定期开听做外观性状检查？

答：不需要。

◆**问题377**：包装操作2010年版GMP要求药品分数次包装，每次包装需要留样，请问"数次"怎样理解？

答：一批产品分若干次间断式进行包装生产，每阶段生产的算一次。

点评：一批产品分若干次间断式进行包装生产，应按批号管理的规定给予不同的批号，包装批号应与待包装产品的批号建立可追溯的关联关系，每个批号应按规定进行留样。

【第二百二十六条】试剂、试液、培养基和检定菌的管理应当至少符合以下要求：

（一）试剂和培养基应当从可靠的供应商处采购，必要时应当对供应商进行评估；

（二）应当有接收试剂、试液、培养基的记录，必要时，应当在试剂、试液、培养基的容器上标注接收日期；

（三）应当按照相关规定或使用说明配制、贮存和使用试剂、试液和培养基。特殊情况下，在接收或使用前，还应当对试剂进行鉴别或其他检验；

(四）试液和已配制的培养基应当标注配制批号、配制日期和配制人员姓名，并有配制（包括灭菌）记录。不稳定的试剂、试液和培养基应当标注有效期及特殊贮存条件。标准液、滴定液还应当标注最后一次标化的日期和校正因子，并有标化记录；

(五）配制的培养基应当进行适用性检查，并有相关记录。应当有培养基使用记录；

(六）应当有检验所需的各种检定菌，并建立检定菌保存、传代、使用、销毁的操作规程和相应记录；

(七）检定菌应当有适当的标识，内容至少包括菌种名称、编号、代次、传代日期、传代操作人；

(八）检定菌应当按照规定的条件贮存，贮存的方式和时间不应当对检定菌的生长特性有不利影响。

◆**问题 378**："配制的培养基应当进行适用性检查"是指对购买的未配制前的培养基进行一次检查，还是对配制后的每一批培养基进行检查？

答：应该按照《中国药典》附录 2 的规定[①]执行。在完成完整的验证的情况下，能保证灭菌效果的重复性的情况下，可以仅对每次购进的每一批次做一次适用性检查。

---

① 原文：除另有规定外，在实验室中，若采用已验证的配制和灭菌程序制备培养基且过程受控，那么同一批脱水培养基的适用性检查试验可只进行一次。如果培养基的制备过程未经验证，那么每一批培养基均要进行适应性检查试验，试验的菌种可根据培养基的用途从相关附录中进行选择，也可增加从生产环境及产品中常见的污染菌株。

◆**问题 379**：环境中检测到的菌落，至少应鉴定到什么程度？

答：必要时，鉴别到种。

◆**问题 380**：检验方法如要经过验证或确认，验证或确认周期分别为多长时间？可否一次性做完以后不再做了？

答：实验条件无显著改变的情况下可以不做再验证或再确认。

◆**问题 381**：产品质量回顾分析按照产品进行分类回顾的科学依据指的是哪些？

答：常规的分类可按最终包装前的产品分类。同一待包装产品的不同的包装形式、包装规格可以在同一个年度产品质量回顾中。

◆**问题 382**：对于没有标识有效期的试剂（无机试剂和有机试剂），企业的贮存期应该各自定为多长时间？

答：企业应根据试剂保管、使用的经验确定贮存期，对于性质稳定的试剂一般效期不应长于 5 年，对于化学性质不稳定的试剂应相应缩短。

◆**问题 383**：实验室的试剂、试液、对照品如何进行质量检查？是进行鉴别和含量测定吗？

答：目检、鉴别、空白试验等都是检查方法，不一定需要含量检查。

> 【第二百二十七条】标准品或对照品的管理应当至少符合以下要求:
> (一) 标准品或对照品应当按照规定贮存和使用;
> (二) 标准品或对照品应当有适当的标识,内容至少包括名称、批号、制备日期(如有)、有效期(如有)、首次开启日期、含量或效价、贮存条件;
> (三) 企业如需自制工作标准品或对照品,应当建立工作标准品或对照品的质量标准以及制备、鉴别、检验、批准和贮存的操作规程,每批工作标准品或对照品应当用法定标准品或对照品进行标化,并确定有效期,还应当通过定期标化证明工作标准品或对照品的效价或含量在有效期内保持稳定。标化的过程和结果应当有相应的记录。

◆**问题384**: 工作标准品和对照品是否一定要用中国食品药品检定研究院制出的标准品或对照品,国外进口的工作标准品或对照品如按欧盟标准制定的,能否用于我国,作为标准品或对照品?

答: 自制工作标准品或工作对照品,应用法定的中国食品药品检定研究院制出的标准品或对照品进行标化,并确定有效期,还应当通过定期标化证明工作标准品的效价或含量在有效期内保持稳定。国外进口的工作标准品或工作对照品按欧盟标准制定的,不能作为我国标准品或对照品。在我国无同种标准品或对照品时,可以参考使用。

点评: 国外进口的工作标准品或工作对照品按欧盟标准制定的,在国内可以接受。但是,仲裁时以中国食品药品检定研究院提供的标准品或对照品为准。

◆**问题385**：工作对照品或标准品的标化方法可采用药典方法吗？能采用除高效液相色谱法外的其他检验方法吗？

答：使用法定来源的对照品（如中检院等）标定工作对照品时，应使用具有高专属性的分析方法进行标定，包括采用我国的药典方法。

点评：专属性是指可能存在的组分（如杂质、降解物、基础等）时，对被分析物准确可靠测定的能力。一种分析方法缺乏专属性时，可由其他辅助的分析方法作补充。

专属性有以下含义：

鉴别：确证被分析物符合其特性。

纯度检查：确保采用的分析方法可检出被分析物中杂质的准确含量，如有关物质、重金属、溶剂残留等。

含量测定（含量或效价）：提供样品中被分析物的含量或效价的准确结果（参见 USP1225/ICH Q2A Q2B）。

> 【第二百二十八条】应当分别建立物料和产品批准放行的操作规程，明确批准放行的标准、职责，并有相应的记录。

◆**问题386**：在正常生产过程中，物料和产品的放行，产生的剔除品也必须经质量负责人审批吗？

答：生产过程产生的剔除品的处理程序，应有明确规定，但不需要质量负责人审批，但处理应有记录。

◆**问题387**：成品检验的依据是企业内控标准，放行依据是以国家标准放行还是以内控标准放行？

答：按企业内控放行标准执行。

点评：企业可以根据自身需求制定企业内控标准，但内控标准不应低于国家标准。内控标准的制定应切实可行并符合企业的实际情况。一旦确立内控标准，产品放行应严格按照内控标准执行，不符合内控标准的不得放行。

> 【第二百二十九条】物料的放行应当至少符合以下要求：
> （一）物料的质量评价内容应当至少包括生产商的检验报告、物料包装完整性和密封性的检查情况和检验结果；
> （二）物料的质量评价应当有明确的结论，如批准放行、不合格或其他决定；
> （三）物料应当由指定人员签名批准放行。

◆**问题388**：物料的放行单是否需要单独去做？在物料初检记录中已经体现了物料放行中所列的内容，并有 QA 签字，是否还需要单独去做？

答：通常情况下需要单独去做。物料初检记录的 QA 签字不能算物料放行的签字，因为初验当时，本企业的检验还没有完成，不可能做出结论。一定要在全面评价生产商的检验报告、物料包装完整性和密封性的检查情况和本企业检验结果后，才能作出结论。

点评：依据第二百二十九条规定，企业可以根据自身管理、职责规定、管理流程设计，制定物料放行控制方法，可以采用检验合格后直接释放、ERP 系统状态控制释放、QA 审核放行等多种物料释放模式。无论采用何种释放方式，都需要对实物进行质量状态的控制。都需要审核第二百二十九条规定的各项要求，符合规定并记录。

> **【第二百三十一条】** 持续稳定性考察的目的是在有效期内监控已上市药品的质量，以发现药品与生产相关的稳定性问题（如杂质含量或溶出度特性的变化)，并确定药品能够在标示的贮存条件下，符合质量标准的各项要求。

◆**问题 389**：年度质量分析报告中涉及的稳定性考察，是否只指该品种在本年中的稳定性考察？

答：包括本年度未完成和已完成的该品种的所有批次的回顾分析。其中包括变更、不符合事件等引起的稳定性考察数据。

点评：年度质量分析报告还应对该产品的在本年度完成检验的稳定性数据进行回顾，分析产品稳定性趋势，如果稳定性数据有显著变化应进行调查。

◆**问题 390**：持续稳定性考察产品放置（贮存）的条件；是放在恒温恒湿箱中，还是放在温湿度控制在产品注册批准的温湿度范围内的有控制温湿度的条件下贮存？

答：考察产品的持续稳定性不能在贮存条件下进行。无论是在恒温恒湿箱还是在其他环境中，都应该符合《中国药典》规定的长期稳定性试验的标准条件。

点评：两种贮存条件是不同的概念。产品持续稳定性考察条件的温度、湿度有严格的范围规定，产品注册批准的贮存条件是一个比较宽泛的范围。企业应依据产品特性按照《中国药典》的要求进行持续稳定性考察。

> **【第二百三十三条】** 持续稳定性考察应当有考察方案，结果应当有报告。用于持续稳定性考察的设备（尤其是稳定性试验设备或设施）应当按照第七章和第五章的要求进行确认和维护。

◆**问题391**：药品持续稳定性考察：贮存条件应当采用与药品标识贮存条件相对应的《中国药典》规定的长期稳定性试验标准条件。我公司有一注射液品种，贮存条件为阴凉处。查阅《中国药典》2010年版附录IXIC（附录199页），长期试验仅有25℃±2℃或30℃±2℃。我公司的该种注射液长期稳定性实验贮存条件应为多少？

答：应当与贮存条件接近的温度，贮存条件为阴凉处，接近的温度即25℃±2℃。

点评：问题中的药品持续稳定性考察贮存条件可以选择25℃±2℃。

◆**问题392**：每种规格、每种内包装形式的药品，至少每年应当考察一个批次，对于生产品种多的企业每年要有许多批次，都需要恒温箱吗？可不可以在质量标准规定的贮存条件下考察？还需加速稳定性试验吗？

答：每个品种规格都需要每年考察一个批次。均应依据《中国药典》规定进行持续稳定性考察。无需加速条件考察。

> 【第二百三十五条】考察批次数和检验频次应当能够获得足够的数据，以供趋势分析。通常情况下，每种规格、每种内包装形式的药品，至少每年应当考察一个批次，除非当年没有生产。

◆**问题393**：第二百三十五条稳定性考察每种规格、每种内包装形式药品，至少每年应当考察一个批次。对于同一规格、密封系统相同包装数量不同的产品，是否每个包装数量都需要每年考察一个批次？例如：xx产品，铝塑包装，包装规格为15片，24片，30片，是否15片，24片，30片三个包装规格均要每年做一次批次？每年轮换做一次批次是否可以？

答：每一个内包装规格都需要做。

点评：对于此类情况ICH介绍了两种稳定性试验方案的简略设计方法：

括号法（Bracketing）：

这是一种稳定性试验方案的简略设计方法，它仅对处于某些设计因素极端点的样品，在所有的时间点如完整试验一样进行试验。这种设计假定中间条件下样品的稳定性可用这些极端条件下样品的稳定性来代表。在试验一个系列规格的某制剂时，如果其组成相同或非常相近（如将相似的颗粒压成不同片重的系列，或将相同组分填充于不同体积的空胶囊中所得到的不同填充量的胶囊系列），即可用括号法。括号法也适用于盛装在不同大小的容器或相同大小容器但填充量不同的制剂系列。

矩阵法（Matrixing）：

这是稳定性试验方案的一种简略设计方法。据此方法，在指定的取样时间点，只需从所有因子组合的总样品数中取出一组进行测定。在随后的取样时间点，则测定所有因子组合的总体样品中的另一种样品。此设计假定在特定时间点被测定的每一组样品的稳定性具有代表性。同一种制剂中样品的各种差异应作为因子加以考虑，如不同的批号、规格、大小不同的相同包装容器，在某些情况下可能连包装容器也不同（具体参见 ICH Q1D）。

> **【第二百四十二条】** 变更都应当评估其对产品质量的潜在影响。企业可以根据变更的性质、范围、对产品质量潜在影响的程度将变更分类（如主要、次要变更）。判断变更所需的验证、额外的检验以及稳定性考察应当有科学依据。

◆**问题394**：变更控制程序中一定要把变更分成主要、次要变更吗？能否在程序中规定所有变更都走同样的审批程序？

答：主要、次要变更的控制手段不同。此要求是保证主要变更可以更好地得到控制，企业也可以按同样的流程管理。

点评：依据变更管理的体系，变更前首先应对法规、市场、供应、质量风险、安全环境、健康、投资等因素进行风险评估，识别出变更对这些因素的影响程度，一般根据程度的不同分为三个等级。次要变更使用简化流程，经质量负责人批准即可，主要变更和重大变更需经过包括质量负责人在内的变更委员会讨论决定并批准，重大变更还需企业负责人批准。

◆**问题395**：本条提到的变更管理，如果属于临时性变更，过了特殊时期（或事件）时，该变更的内容和范围还要复原，请问复原的工作程序应怎样进行合适？是以通知变更撤消的形式还是以新的变更的操作流程再变回去？

答：临时变更应描述清楚关闭条件和日期，执行完毕，关闭该变更即可。

> 【第二百四十三条】与产品质量有关的变更由申请部门提出后，应当经评估、制定实施计划并明确实施职责，最终由质量管理部门审核批准。变更实施应当有相应的完整记录。

◆**问题396**：变更批准是质量管理负责人审核批准（第二十三条第二款第五点），还是质量管理部门负责人审核批准（第二百四十三条）？

答：都可以。企业应该在程序中明确。推荐质量管理部审核，质量管理负责人批准。

点评：推荐的做法是依据变更管理的体系，变更前首先应对法规、市场、供应、质量风险、安全环境、健康、投资等因素进行风险评估，识别出变更对这些因素的影响程度，一般根据程度的不同分为三个等级。次要变更使用简化流程经质量负责人批准即可，主要变更和重大变更需经过包括质量负责人在内的变更委员会讨论决定并批准，重大变更还需企业负责人批准。

【第二百四十四条】改变原辅料、与药品直接接触的包装材料、生产工艺、主要生产设备以及其他影响药品质量的主要因素时，还应当对变更实施后最初至少三个批次的药品质量进行评估。如果变更可能影响药品的有效期，则质量评估还应当包括对变更实施后生产的药品进行稳定性考察。

◆问题397：口服制剂（如软胶囊）、外用软膏（一般外用）改变辅料供应商，除做三批小样评估、三批验证外，是否还安排做六个月的加速稳定性试验？

答：虽然目前注册没有相关要求，但是企业应该根据辅料在产品处方中的作用和影响程度进行评估，如果改变辅料的供应商可能影响到产品的效期，如：防腐剂，那么需要考虑进行加速稳定性考察。

◆问题398：改变原辅料要经注册批准，需提供三批稳定性资料，批准后还需三个批次的质量评估吗？

答：需要。改变原料、主要辅料供应商应进行三批生产工艺的再验证。

点评：如果提供稳定性数据的注册批的生产规模与后续商业批的生产规模一致，无需另行稳定性考察。但应注意，不应遗漏年度的持续稳定性考察。

◆问题399：原料药工艺变更，经验证和持续稳定性考察，不影响产品质量，是否需要经药监部门批准或备案？验证产品是否可以上市销售？

答：已注册批准的原料药工艺变更，相关规定有要求的，需要经药监部门批准或备案。验证产品可以在工艺变更经药监部门批准或备案后，上市销售。

◆**问题400**：产品发生重大变更时，是否一定要等到稳定性考察结束后才能上市？

答：重大变更，应当对变更实施后最初至少三个批次的药品质量进行评估，需要补充申请或备案的，应在取得备案或药品注册补充申请批件以后，才可以上市。不需要补充申请或备案的，应当对变更实施后最初至少三个批次的药品质量进行评估后，才可以上市。对变更实施后生产的至少三个批次药品进行持续稳定性考察。

◆**问题401**：此条款所描述的变更是否包括物料/包材产地变更、包装生产线变更？是否都需要进行最初执行的三个批次的产品评估？

答：API（活性成分）、内包材、重要辅料的产地变更，生产工艺、主要生产设备（包括包装生产线）变更，都应当对变更实施后最初至少三个批次的药品质量进行评估，并进行持续稳定性考察。

◆**问题402**：有重大变更时需要进行加速实验，注册三批产品还需要做持续性、稳定性实验吗？

答：注册三批产品已做长期稳定性、试验，不需要对这三批再做持续性、稳定性考察。重大变更影响产品的有效期时，需要进行加速和长期试验。

◆**问题403**：不管原料药还是制剂，改变主要物料供应商（原料、主要辅料或内包材）都需要做工艺验证和稳定性考察吗？

答：不管原料药还是制剂，改变主要物料供应商（原料或内包材）都需要做工艺验证和稳定性考察；改变内包材供应商可仅作包装验证，再考察稳定性。根据包装的用途，必要时做内包材与药品的相容性试验。

点评：对于主要物料供应商的改变应考虑变化后的物料与原物料的生产工艺是否相同，是否存在新的杂质，是否影响企业自身的工艺和产品质量。而且应考虑这些变化带来的新杂质，原有的控制手段和分析方法是否能控制而且能被检查出来。

【第二百四十八条】企业应当建立偏差处理的操作规程，规定偏差的报告、记录、调查、处理以及所采取的纠正措施，并有相应的记录。

◆**问题404**：偏差处理，警戒限度和纠偏限度的设定如何进行？

答：一般情况下选择平均值±3SD 或±2SD，视具体项目而定，或依据历史数据确定。

点评：纠偏限度是指系统的关键参数超出可接受标准，需要进行调查并采取纠正措施的限度标准。纠偏限度一般是根据法定标准或验证等方式确定的关键参数或预先设定的工艺参数。

警戒线是指系统的关键参数超出正常范围，但未达到纠偏限度，需要引起警觉，可能需要采取纠正措施的限度标准。警戒线的确立是基于统计学原理。常用的方法是以一个周期（一般为一年）的历史数据（数据量应大于25），或以最近的连续不少于 25 个数据的平均值加减 2 倍或 3 倍 σ 确定出上控制限（UCL）和下控制限（LCL），对于远低于纠偏限度的重要参数可依据参数的历史数据自行合理设置。

◆**问题 405**：对于口服固体制剂，如果已对中控进行严格的 3σ 控制及超常偏差调查是否还需对最终制剂的实验室测试结果进行严格的 3σ 控制及偏差调查？

答：如果原因明确，实验室无需调查。如果原因不明确，偏差调查一定要进行。利用中控结果代替成品结果一定是以科学合理的验证为基础，完备的验证数据做支持。有相应的风险分析、风险评估、风险控制。

> 【第二百四十九条】任何偏差都应当评估其对产品质量的潜在影响。企业可以根据偏差的性质、范围、对产品质量潜在影响的程度将偏差分类（如重大、次要偏差），对重大偏差的评估还应当考虑是否需要对产品进行额外的检验以及对产品有效期的影响，必要时，应当对涉及重大偏差的产品进行稳定性考察。

◆**问题 406**：第五节，偏差处理，是否偏差不关闭，涉及的产品就不能放行？

答：偏差批次产品放行前必须完成以下工作：
1) 根本原因调查清楚；
2) 根据根本原因已经制定了纠正和预防措施；
3) 产品质量影响评估已经完成。由于有些预防措施需要较长时间才能完成，所以在产品放行前偏差不一定必须关闭。

点评：如果偏差调查原因明确，而且可以采取有效措施消除影响，控制产品质量，偏差未关闭前产品可以释放。

◆**问题 407**：OOS 包括检验人员个人原因，比如：操作不规范引起的结果超标，需要调查吗？

答：需要。

> 【第二百五十条】任何偏离生产工艺、物料平衡限度、质量标准、检验方法、操作规程等的情况均应当有记录，并立即报告主管人员及质量管理部门，应当有清楚的说明，重大偏差应当由质量管理部门会同其他部门进行彻底调查，并有调查报告。偏差调查报告应当由质量管理部门的指定人员审核并签字。
> 企业还应当采取预防措施有效防止类似偏差的再次发生。

◆**问题 408**：收率与标准规定相比，下降较大，需要做偏差调查吗？偏差处理需附在批记录上吗？

答：需要调查，而且要执行偏差处理流程，偏差事件编号要记录在批记录上。

> 【第二百五十二条】企业应当建立纠正措施和预防措施系统，对投诉、召回、偏差、自检或外部检查结果、工艺性能和质量监测趋势等进行调查并采取纠正和预防措施。调查的深度和形式应当与风险的级别相适应。纠正措施和预防措施系统应当能够增进对产品和工艺的理解，改进产品和工艺。

◆**问题 409**：纠正预防措施必须建立单独的 SOP 吗？

答：需要。

点评：纠正预防措施作为质量体系的重要组成部分，应建立单独的 SOP，对偏差的处理规范化、流程化，使偏差能得到正确的处理。

◆**问题 410**：条款中提及"改进产品和工艺"，根据相应规定，企业必须按注册的工艺组织生产，但在实际生产过程中，有许多新技术，同时面临标准提高，新增检查项目，以及一些历史原因，不可避免需要或多或少的变动，通常企业不知如何应对。

答：应按变更、验证、注册、备案等体系要求控制并符合相应的法规要求。

【第二百五十三条】企业应当建立实施纠正和预防措施的操作规程，内容至少包括：

（一）对投诉、召回、偏差、自检或外部检查结果、工艺性能和质量监测趋势以及其他来源的质量数据进行分析，确定已有和潜在的质量问题。必要时，应当采用适当的统计学方法；

（二）调查与产品、工艺和质量保证系统有关的原因；

（三）确定所需采取的纠正和预防措施，防止问题的再次发生；

（四）评估纠正和预防措施的合理性、有效性和充分性；

（五）对实施纠正和预防措施过程中所有发生的变更应当予以记录；

（六）确保相关信息已传递到质量受权人和预防问题再次发生的直接负责人；

（七）确保相关信息及其纠正和预防措施已通过高层管理人员的评审。

◆**问题 411**：请问 CAPA（Corrective Action and Precaution Action，制定纠正预防措施）在什么情况下使用，具体什么程序，怎样操作？

答：当因不符合事件、投诉、年度回顾、验证、审计、管理评审、法规变化等情况下出现背离时就应使用 CAPA。简单流程：识别出所有偏差，进行风险评估，制定整改计划（CAPA），实施，检查，关闭。

点评：当因不符合事件、投诉、年度回顾、验证、审计、管理评审、法规变化等情况下出现偏差时，首先应识别出所有偏差，进行风险评估并对已识别的风险进行分级，根据风险等级的不同制定纠正预防措施，对于纠正预防措施进行跟踪、检查，确认纠正预防措施按照预定的标准按时完成，同时确认纠正预防的合理性、有效性，最后关闭偏差。

> 【第二百五十五条】质量管理部门应当对所有生产用物料的供应商进行质量评估，会同有关部门对主要物料供应商（尤其是生产商）的质量体系进行现场质量审计，并对质量评估不符合要求的供应商行使否决权。
>
> 主要物料的确定应当综合考虑企业所生产的药品质量风险、物料用量以及物料对药品质量的影响程度等因素。
>
> 企业法定代表人、企业负责人及其他部门的人员不得干扰或妨碍质量管理部门对物料供应商独立作出质评估。

◆**问题 412**：供应商确定由质量部门批准，是否必须是"最终批准"？如果是质量部门同其他部门共同批准，可以吗？

答：质量部门可同其他部门共同负责质量评估，其他部门考虑其职责范围内的相关内容，如价格、交货周期、付款方式等问题。质量部门行使质量审核权，由质量负责人批准。

点评：每个部门在企业中承担不同的职责，共同批准是需要其他部门考虑其职责范围内的相关内容，如价格、交货周期、付款方式等问题。质量部门负责质量评估，行使质量审核权。

【第二百五十六条】应当建立物料供应商评估和批准的操作规程，明确供应商的资质、选择的原则、质量评估方式、评估标准、物料供应商批准的程序。

如质量评估需采用现场质量审计方式的，还应当明确审计内容、周期、审计人员的组成及资质。需采用样品小批量试生产的，还应当明确生产批量、生产工艺、产品质量标准、稳定性考察方案。

◆**问题413**：物料、试剂从中间商处购入（供应商在国外或偏远地区），对物料或试剂生产厂家的现场审计如何进行？对于国外的供应商大多难以达到现场审计的要求，是否可以只对其代理商进行审计？尤其是制剂用关键物料/辅料的生产商是国外的，国内只有代理商。

答：无明确要求，建议对API、关键物料进行现场审计，对于非关键物料可以书面审计，只审代理商不行。对API等关键物料难以实施现场审计的（如供应商在国外），必须采取其他控制措施。

◆**问题414**：对于制剂或前期工厂中仅用调节pH值用

的酸/碱，使用量一般很少，其供应商的审计应达到什么样的程度？制剂中该物料是否也是按关键物料等同对待？

答：法规目前只是要求对主要物料的供应商进行现场质量审计，至于主要物料的判定，应当综合考虑企业所生产的药品质量风险、物料用量以及物料对药品质量的影响程度等因素。

◆**问题 415**：物料供应商的质量评估是否在研发阶段就开始呢？

答：是，原辅料、内包装材料的供应商都必须在研发阶段开始进行质量评估。

点评：原辅料、内包装材料的供应商不同，生产、合成工艺或者使用的溶剂、产生的杂质等都不尽相同，对药品质量的影响也不尽相同，所以必须在研发阶段开始进行质量评估，考察选定的生产厂家的物料对药品的影响，对于内包材还应考察与药品的相容性。

◆**问题 416**：已经使用多年的主要原辅料供应商，此次重新按 2010 年版 GMP 认证，是否也必须进行现场审计？经过回顾分析及风险评估后，能否免除现场审计环节？

答：应该按照 2010 年版 GMP 的规定要求完善企业物料供应商管理程序，并按企业确定的审计周期进行再审计。

点评：主要原辅料供应商应制订合理的审计周期，进行周期性的现场审计或临时审计。

第十章 质量控制与质量保证

【第二百五十八条】现场质量审计应当核实供应商资质证明文件和检验报告的真实性,核实是否具备检验条件。应当对其人员机构、厂房设施和设备、物料管理、生产工艺流程和生产管理、质量控制实验室的设备、仪器、文件管理等进行检查,以全面评估其质量保证系统。现场质量审计应当有报告。

◆**问题417**:集团内企业已对物料供应商进行审计的,集团内其他企业可否直接使用其审计结果和报告?

答:可以。但应保证审计内容和结果符合本企业的相关要求。

◆**问题418**:对于原料药厂家的供应商来说,大部分为相应的化工企业,一些企业连基本的质量体系都没有,作为这样的厂家,怎么进行现场审计?

答:根据原料药生产企业的需求进行审计。

【第二百六十一条】改变物料供应商,应当对新的供应商进行质量评估;改变主要物料供应商的,还需要对产品进行相关的验证及稳定性考察。

◆**问题419**:提及"改变主要物料供应商时,还需对产品进行相关验证及稳定性考察",该条是针对制剂还是API?API在经过风险评估,认为进行三批统一减产跟踪和对比评估,表明其主要物料供应商的更改不会影响产品质量,是否可以?

答:包括制剂和API,同时还包括内包材、关键辅料。

改变供应商时，需对产品进行相关验证、对比评估及稳定性考察。

点评：改变 API 和关键辅料供应商时，应按商业批的规模和批量进行验证，并对验证批进行相应的稳定性考察。

> 【第二百六十四条】质量管理部门应当定期对物料供应商进行评估或现场质量审计，回顾分析物料质量检验结果、质量投诉和不合格处理记录。如物料出现质量问题或生产条件、工艺、质量标准和检验方法等可能影响质量的关键因素发生重大改变时，还应当尽快进行相关的现场质量审计。

◆**问题 420**：企业合格供应商包括主要供应商及备用供应商，可能在一个周期内（如一年），未购买备用供应商物料，是否仍需评估及更新供应商质量档案？

答：在下次购买前应重新评估。

> 【第二百六十五条】企业应当对每家物料供应商建立质量档案，档案内容应当包括供应商的资质证明文件、质量协议、质量标准、样品检验数据和报告、供应商的检验报告、现场质量审计报告、产品稳定性考察报告、定期的质量回顾分析报告等。

◆**问题 421**：供应商档案的收集中包括质量标准，外包材需要收集质量标准吗？（如说明书、纸盒、纸箱）。

答：需要。

点评：外包材的质量标准、印刷文字对药品包装的准确性非常重要，明确纸盒、纸箱的重量以及装订方式等内容可以确保药品包装起到保护药品的作用。

> 【第二百六十九条】应当建立药品不良反应报告和监测管理制度，设立专门机构并配备专职人员负责管理。

◆**问题422**：不良反应的专门机构和专职人员如何理解？可否为质量管理部门下的非专职或专职人员？按新的不良反应监测管理办法，无专门机构和专职人员罚五千到三万。

答：专人。

第十一章 委托生产与委托检验

第十一章 委托生产与委托检验

> 【第二百七十八条】为确保委托生产产品的质量和委托检验的准确性和可靠性,委托方和受托方必须签订书面合同,明确规定各方责任、委托生产或委托检验的内容及相关的技术事项。

◆**问题 423**:对于委托检验,是否可以整个实验室都委外?

答:不可以。

点评:国家对委托检验有明确规定,只有少数的检验项目可以委托检验。详见国家局《关于药品 GMP 认证中有关具体事宜的通知》(国食药监安〔2004〕108 号)。

◆**问题 424**:特殊药品(伪麻)是否可以委托加工?

答:不可以。

第十二章 产品发运与召回

> 【第二百九十六条】药品发运的零头包装只限两个批号为一个合箱，合箱外应当标明全部批号，并建立合箱记录。

◆**问题425**：合箱操作在发运环节进行不合理，因为仓库不存在合箱设备和专人。

答：这种看法并不正确。在包装生产过程中进行合箱操作，其本身对产品的批生产控制、产品释放带来了一定的混淆、差错的风险。目前实现电子监管码要求后，也没有办法在包装过程中进行合箱操作。产品在发运时进行拼箱，更加方便企业合箱的可行性。

点评：GMP对合箱操作带来的混淆、差错的风险给予了足够的重视，无论合箱操作是在包装生产过程中还是发运过程中都潜藏着混淆、差错的风险，因此有些国家不接受合箱。2012年2月27日国食药监办［2012］64号文件要求：2015年年底前完成药品制剂全品种电子监管，对发运时合箱增加了操作难度，所以建议企业在包装设计及包装过程中充分考虑零箱的处置避免合箱操作。

◆**问题426**：合箱外的批号及生产日期、有效期的打印由库房人员操作吗？合箱在仓库内发货，外箱打印批号是否是也要打印两个批号，做生产记录？

答：发货的外箱可以采用外贴装箱单等方式表明箱内所有产品品种、规格、批号与数量等基本信息。在发运阶段进行合箱，不需要建立生产记录，但要建立完整的合箱记录。

◆**问题 427**：零头包装只能在发运过程中产生，取消包装过程中的零头，那么在发运时，进行合箱，条款中并未注明相邻批号，假如该批产品（02p）没有零头，是否意味着，01p 与 03p 可以进行合箱呢？或是 01p 的零头要做报废处理呢？

答：在发运阶段进行合箱，并没有明确合箱的批号要求联系，给企业一定的可操作性。合箱不一定必需是两个相邻批号。

【第三百零五条】应当定期对产品召回系统的有效性进行评估。

◆**问题 428**：召回系统如何进行有效性评估？

答：评估的方法一般采用模拟召回的方式进行。

点评：模拟召回通常包括以下内容：
- 在风险评估的基础上制定召回方案；
- 药品召回负责人发出模拟召回通知；
- 各有关部门或人员对收到模拟召回通知的时间进行确认；
- 向客户发出通知；
- 相关入库和发运记录的整理反馈；
- 对外新闻稿的起草；
- 拟召回产品生产过程调查和质量分析评估报告；
- 模拟召回产品的赔偿方案的制定；
- 全部拟召回产品信息的确认和反馈；
- 完成召回最终报告。

第十三章 自检

说明：此章无相应的问题。

第十四章 附则

第十四章 附则

> 【第三百一十一条】企业可以采用经过验证的替代方法,达到本规范的要求

◆**问题429**:企业可以采用经过验证的替代方法,这里的替代方法怎么理解?

答:由企业自行开发的方法或其他来源的方法。

点评:2010年版GMP给了企业更多的灵活度,企业可以依据自身情况和行业发展趋势采用适合企业的控制方法或更先进的方法对GMP活动进行控制。例如中国药典对分析方法的规定:如采用其他方法,应将该方法与规定的方法做比较试验,根据试验结果掌握使用,但在仲裁时仍以本版药典规定的方法为准(凡例第二十三条)。所谓的其他方法(替代方法)就是使用经过企业验证的分析方法作为企业的内控方法代替法定方法。

> 【第三百一十二条】本规范下列术语(按汉语拼音排序)的含义是:
> (二)包装
> 药品包装所用的材料,包括与药品直接接触的包装材料和容器、印刷包装材料,但不包括发运用的外包材料

◆**问题430**:发运用的包材具体指哪些?印有品名、规格、批号、生产日期等印刷品内容的纸箱属于印刷性包材还是属于发运用包装材料?

答:依据三百一十二条印刷性包装材料的术语的含义,纸箱属于发运用包装材料。但是印有品名、规格、批号等信息的包装箱,也应进行质量管理。

附录1 无菌药品

【附录1 无菌药品 第五条】无菌药品生产的人员、设备和物料应通过气锁间进入洁净区，采用机械连续传输物料的，应当用正压气流保护并监测压差。

◆**问题431**：质量检验微生物实验室人流、物流共用一个走廊可以吗？

答：可以。但人流、物流最好分开。

◆**问题432**：无菌药品生产车间中A＋B级洁净区人员进入是否一定要从C级洁净区进入？是否可以直接从一般区进入？

答：可以从一般区域进入，但要设置适当的缓冲房间或设施。

【附录1 无菌药品 第八条】洁净区的设计必须符合相应的洁净度要求，包括达到"静态"和"动态"的标准。

◆**问题433**：冻干原料药（无菌）的出料区域设定成A＋B级区域后，出料时人一旦要去开箱门出料，A级无法实现，有什么方法可以解决这一问题？

答：进出料过程中的产品暴露区属核心区，应尽量避免人员操作带来的污染。如你所说的情况，有人进入的A级核心区域较难真正达到A级监控标准。

点评：通常的做法有：隔离装置（RABS）、自动进出料设备（如自动加料车等）、密闭的冻干盘（水分可以通过但可以防止微生物污染产品）等方法。

◆**问题434**：洁净区微生物检测的静态标准是否有必要?

答：验证时宜做静态微生物检测，确认环境设计施工、环境清洁或消毒的效果。企业停产后恢复生产时，也应进行微生物静态监测。

【附录1 第九条】无菌药品生产所需的洁净区可分为以下4个级别：

A级：高风险操作区，如灌装区、放置胶塞桶和与无菌制剂直接接触的敞口包装容器的区域及无菌装配或连接操作的区域，应当用单向流操作台（罩）维持该区的环境状态。单向流系统在其工作区域必须均匀送风，风速为0.36~0.54 m/s（指导值）。应当有数据证明单向流的状态并经过验证。

在密闭的隔离操作器或手套箱内，可使用较低的风速。

B级：指无菌配制和灌装等高风险操作A级洁净区所处的背景区域。

C级和D级：指无菌药品生产过程中重要程度较低操作步骤的洁净区。

以上各级别空气悬浮粒子的标准规定如下表：

洁净度级别	悬浮粒子最大允许数/立方米			
	静态			动态③
	≥0.5 μm	≥5.0 μm②	≥0.5 μm	≥5.0 μm
A级①	3520	20	3520	20
B级	3520	29	352000	2900
C级	352000	2900	3520000	29000
D级	3520000	29000	不作规定	不作规定

注：

①为确认 A 级洁净区的级别，每个采样点的采样量不得少于 1 立方米。A 级洁净区空气悬浮粒子的级别为 ISO 4.8，以 ≥ 5.0μm 的悬浮粒子为限度标准。B 级洁净区（静态）的空气悬浮粒子的级别为 ISO 5，同时包括表中两种粒径的悬浮粒子。对于 C 级洁净区（静态和动态）而言，空气悬浮粒子的级别分别为 ISO 7 和 ISO 8。对于 D 级洁净区（静态）空气悬浮粒子的级别为 ISO 8。测试方法可参照 ISO14644-1。

②在确认级别时，应当使用采样管较短的便携式尘埃粒子计数器，避免 ≥5.0μm 悬浮粒子在远程采样系统的长采样管中沉降。在单向流系统中，应当采用等动力学的取样头。

③动态测试可在常规操作、培养基模拟灌装过程中进行，证明达到动态的洁净度级别，但培养基模拟灌装试验要求在"最差状况"下进行动态测试。

◆**问题 435**：A 级区内是否可以有人操作？

答：人员应尽量不进入 A 级区。

点评：有些情况下，A 级下可以设立两个区域：关键产品暴露区（人员不可进入）和人员有限介入区。

◆**问题 436**：在附录中提到，为确认 A 级洁净区的级别，每个采样点的采样量不得少于 1 m^3，那么在常规操作中，是不是就不需要一定每个采样点的采样量一定不得少于 1 m^3 呢？

答：日常监测不需要这么大量。

◆**问题 437**：在非最终灭菌的无菌药品生产中，核心区域采用开放式 A/B 级洁净室是否可被接受？

答：Isolator（隔离器）、RABS（限制性进入隔离系统）和开放洁净室都可以采用。开放式 A/B 级洁净室风险较大，气流组织难实现，必须通过烟雾试验证明其气流符合要求。新建厂房应充分考虑到开放式 A/B 级洁净室的风险，并结合考虑毒性产品对操作人员的影响。一般不推荐。

◆**问题 438**：无菌滤液储罐设计在 C 级有何特殊要求？

答：注意密闭状态的保持，容器 SIP（在线灭菌），无菌呼吸器的使用等。

◆**问题 439**：无菌原料药的非无菌生产工序部分，厂房无洁净的要求，其级别是什么？

答：最终溶解等关键步骤应在 D 级甚至更高级别 C 级进行（根据产品、设备和操作情况而定）。之前步骤没有级别要求。

◆**问题 440**：无菌原料药的生产配制也应在 C 级？

答：一般是的。但对于密闭配制操作可以放置在 D 级。

◆**问题 441**：可最终灭菌大输液灌封区、胶塞贮存区为 C 级背景下 A 级气流保护区，级别确认时，是否应当符合相应 A 级的静态要求？

答：级别确认时，应该符合相应 A 级的静态要求。

【附录1 无菌药品 第十条】应当按以下要求对洁净区的悬浮粒子进行动态监测：

（一）根据洁净度级别和空气净化系统确认的结果及风险评估，确定取样点的位置并进行日常动态监控。

（二）在关键操作的全过程中，包括设备组装操作，应当对A级洁净区进行悬浮粒子监测。生产过程中的污染（如活生物、放射危害）可能损坏尘埃粒子计数器时，应当在设备调试操作和模拟操作期间进行测试。A级洁净区监测的频率及取样量，应能及时发现所有人为干预、偶发事件及任何系统的损坏。灌装或分装时，由于产品本身产生粒子或液滴，允许灌装点$\geqslant 5.0~\mu m$的悬浮粒子出现不符合标准的情况。

（三）在B级洁净区可采用与A级洁净区相似的监测系统。可根据B级洁净区对相邻A级洁净区的影响程度，调整采样频率和采样量。

（四）悬浮粒子的监测系统应当考虑采样管的长度和弯管的半径对测试结果的影响。

（五）日常监测的采样量可与洁净度级别和空气净化系统确认时的空气采样量不同。

（六）在A级洁净区和B级洁净区，连续或有规律地出现少量$\geqslant 5.0~\mu m$的悬浮粒子时，应当进行调查。

（七）生产操作全部结束、操作人员撤出生产现场并经15～20分钟（指导值）自净后，洁净区的悬浮粒子应当达到表中的"静态"标准。

（八）应当按照质量风险管理的原则对C级洁净区

和 D 级洁净区（必要时）进行动态监测。监控要求以及警戒限度和纠偏限度可根据操作的性质确定，但自净时间应当达到规定要求。

（九）应当根据产品及操作的性质制定温度、相对湿度等参数，这些参数不应对规定的洁净度造成不良影响。

◆**问题 442**：尘埃粒子动态检测包括所有 A 级吗？

答：B 级环境下的 A 级区，建议实施动态下的在线连续监测。

点评：局部 A 级送风区（不在 B 级环境中的情况）尘埃粒子至少应符合静态标准。

◆**问题 443**：关键操作的全过程应对 A 级洁净区进行监测，请问：风速需要定期监测吗？

答：需要定期监测。

◆**问题 444**：洁净区微生物检测动态标准，"表中各数值均为平均值"，是指同一区域多个采样点的平均值吗？

答：多个采样点可以平均，一个点多次检测也可平均。

◆**问题 445**：要求风速 0.36～0.54 m/s，检测位置是在操作面位置还是过滤器下方 30 cm 处？

答：如果使用 0.36～0.54 m/s 的参考标准，应在高效过滤器下方 30 cm 处测试。

点评：另需用烟雾试验证明产品暴露区的工作面处于

层流的有效保护之内。

◆**问题 446**：附录1无菌药品第十条，对于最终灭菌产品 F_0 值≥12，A+C空调净化系统，A级是否必须进行在线监测尘埃粒子？还是只需动态监测就可以了（一定频次一次监测)?

答：A/C静态下应该符合。A/C不必在线连续监测尘埃粒子，应定期动态监测。

点评：企业根据厂房、设备、产品、工艺方面的风险来决定动态监测的频次。

◆**问题 447**：粉针剂粒子动态监测是必须要做的吗?

答：粉针剂生产时的悬浮粒子动态监测必须按附录1的规定做。

◆**问题 448**：附录1 无菌药品附录中提到A级区应进行持续动态监测，但对于无菌分装产品易产品粉尘，很难达到标准怎么办?

答：根据第十条的要求，应区分外来污染粒子和产品本身释放粒子产生干扰的情况。

点评：采样头放置在不同位置，可以有效区分粒子来源。如果由于产品本身产生粒子或液滴，允许在灌装点出现大于或等于 $5.0~\mu m$ 的悬浮粒子的不符合标准的情况。

【**附录1 无菌药品 第十一条**】应当对微生物进行动态监测，评估无菌生产的微生物状况。监测方法有沉降菌法、定量空气浮游菌采样法和表面取样法（如

棉签擦拭法和接触碟法）等。动态取样应当避免对洁净区造成不良影响。成品批记录的审核应当包括环境监测的结果。

对表面和操作人员的监测，应当在关键操作完成后进行。在正常的生产操作监测外，可在系统验证、清洁或消毒等操作完成后增加微生物监测。

洁净区微生物监测的动态标准①如下：

洁净度级别	浮游菌 cfu/m3	沉降菌 (φ90mm) cfu/ 4小时①	表面微生物	
			接触 (φ55mm) cfu/碟	5指手套 cfu/手套
A级	<1	<1	<1	<1
B级	10	5	5	5
C级	100	50	25	—
D级	200	100	50	—

注：①表中各数值均为平均值。
②单个沉降碟的暴露时间可以少于4小时，同一位置可使用多个沉降碟连续进行监测并累积计数。

◆**问题449**：对于附录中规定的洁净区级别中，D级洁净区的浮游菌和沉降菌是否都需要进行监测？

答：企业可根据各工序污染的风险高低，评估决定D级洁净区的动态微生物监测频次。一般情况下，浮游菌和沉降菌监测都是需要的，因为采样的对象不同。

点评：沉降菌测试一般针对相对较大的颗粒上附着的微生物。

◆**问题450**：无菌附录中洁净区微生物监测只有动态标

准，还需要静态监测吗？

答：验证时应做静态。完成验证后，日常应监控动态的浮游菌和沉降菌。

点评：完成定级后，日常应监控浮游菌、沉降菌。

◆**问题451**："注（2）单个沉降碟的暴露时间可以少于4小时，同一位置可使用多个沉降碟连续进行监测并累积计数。"是如何累积的？

答：用这个点的所有结果相加，并除以实际小时数，再乘上4小时。监测时间应涵盖生产时间，但如果实际生产时间短于4小时，监测时间没有必要达到4小时。

点评：例如，如果某工序操作总时间不足4小时，如2小时，累计共检出5cfu（菌落数），换算方法是：5/2*4＝10cfu/4h。

◆**问题452**：附录1中D级微生物检测方法，是三种方法任选一种呢？还是都需要做呢？

答：都需要做，因为沉降菌、浮游菌和表面微生物三种监测原理是不同的，针对不同的微生物，不能完全相互替代。

点评：不同企业应根据厂房、产品特性、工艺流程及设备的特点（例如暴露区域及时间）评估结果制定监测方案与频次。

◆**问题453**：B级和B级背景下的A级浮游菌动态监测可以采用移动设备吗？

答: 均应根据产品暴露风险等具体情况制定监测计划、监测项目和监测点。

点评: B级背景下的A级区,浮游菌动态监测通常在无菌操作开始前期及结束后段进行。并不建议采用移动设备。对于B级区自身,按一定频次实施动态监测是常规做法。例如:将可移动监测设备放置在监测点并开启设备,结束后移到其他监测点继续监测。

◆**问题454:** GMP附录环境监测为什么仅有接触碟的限度?是不是意味着只能用接触碟法来检测,别的经过验证的方法(棉签擦拭法)不可以吗?

答: 也可以采取其他方法,例如棉签法。

◆**问题455:** 间歇式非最终灭菌制剂生产前,对环境微生物情况进行监测,是浮游菌、沉降菌二选一还是都必须做?

答: 检测微生物时,浮游菌、沉降菌都应该做。应注意的是,所有无菌药品生产的洁净区空气净化系统应当保持连续运行,维持相应的洁净度级别。因故停机再次开启空气净化系统,应当进行必要的测试以确认仍能达到规定的洁净度级别要求。

【附录1 无菌药品 第十三条】无菌药品的生产操作环境可参照表格中的示例进行选择。

洁净度级别	最终灭菌产品生产操作示例
C级背景下的局部A级	高污染风险①的产品灌装(或灌封)

续前表

洁净度级别	最终灭菌产品生产操作示例
C级	1. 产品灌装（或灌封）； 2. 高污染风险②产品的配制和过滤； 3. 眼用制剂、无菌软膏剂、无菌混悬剂等的配制、灌装（或灌封）； 4. 直接接触药品的包装材料和器具最终清洗后的处理。
D级	1. 轧盖； 2. 灌装前物料的准备； 3. 产品配制（指浓配或采用密闭系统的配制）和过滤直接接触药品的包装材料和器具的最终清洗。

注：①此处的高污染风险是指产品容易长菌、灌装速度慢、灌装用容器为广口瓶、容器须暴露数秒后方可密封等状况；

②此处的高污染风险是指产品容易长菌、配制后需等待较长时间方可灭菌或不在密闭系统中配制等状况。

洁净度级别	非最终灭菌产品的无菌生产操作示例
B级背景下的A级	1. 处于未完全密封①状态下产品的操作和转运，如产品灌装（或灌封）、分装、压塞、轧盖②等； 2. 灌装前无法除菌过滤的药液或产品的配制； 3. 直接接触药品的包装材料、器具灭菌后的装配以及处于未完全密封状态下的转运和存放； 4. 无菌原料药的粉碎、过筛、混合、分装。
B级	1. 处于未完全密封①状态下的产品置于完全密封容器内的转运； 2. 直接接触药品的包装材料、器具灭菌后处于密闭容器内的转运和存放。
C级	1. 灌装前可除菌过滤的药液或产品的配制； 2. 产品的过滤。

续前表

洁净度级别	非最终灭菌产品的无菌生产操作示例
D级	直接接触药品的包装材料、器具的最终清洗、装配或包装、灭菌。

注：①轧盖前产品视为处于未完全密封状态。②根据已压塞产品的密封性、轧盖设备的设计、铝盖的特性等因素，轧盖操作可选择在C级或D级背景下的A级送风环境中进行。A级送风环境应当至少符合A级区的静态要求。

◆**问题456**：非最终灭菌的无菌制剂的配液应该在C级，浓配在D级可以吗？对于无菌原料药生产过程中，加活性炭、除菌过滤等步骤一般在C级下进行还是在D级下进行？

答：非最终灭菌的无菌制剂的配液、加活性炭，除菌过滤等步骤不可以在D级下进行。

点评：对于非最终灭菌产品的原辅料的生产最终暴露环节的环境应该为C级。

◆**问题457**：非最终灭菌产品的无菌生产操作示例中规定，轧盖应在A/B级，要满足什么样的条件可放在A/C或A/D级？

答：如果轧盖工序设置在C或D级区，应关注：

1、产品始终处于A级气流的保护中，A级送风环境应至少符合A级区的静态要求；

2、对产品在轧盖前的压塞完好性进行检查，未正确轧盖的产品不能退回无菌区继续加工；

3、轧盖过程中颗粒产生的问题，应该设置抽风装置。

点评：

注：1、例如，可采用照相系统，光电光纤系统对压塞完好性进行检查。

2、建议使用带有去除粉尘颗粒装置的轧盖机，设备的除颗粒装置比房间排风更有效。

◆**问题458**：小容量注射剂的洗瓶、灌封、配料的洁净级别如何划分？它们的辅助功能间与其生产操作间的洁净级别一定要相同吗？（如果操作间是B级背景下的A级，它的辅助间是B级可以吗？）冻干粉针、水针将洗瓶放在C级区，与配料在同一区域有何不妥？提高了洗瓶的洁净界别，但房间产热时对其他房间可能有影响，设计院考虑节约了洗瓶的D级区更衣通道。

答：首先要考虑小容量注射剂水针是最终灭菌还是非最终灭菌的产品，然后按附录1的要求划分级别。通常情况下，冻干粉针、水针将洗瓶放在D级区，如洗瓶放在C级区，可能会对C级区造成潜在的污染，给配料环境带来风险。洗瓶和配料应按规范要求在各自规定的洁净级别下生产。

◆**问题459**：水针与大容量注射剂浓配与稀配放在C级区是否可行？如果提高了浓配的洁净度呢？

答：从D级升到C级，实际上增大污染的风险，应考虑浓配的粉尘污染给C级区带来潜在的污染风险。

◆**问题460**：灌装间和轧盖间是否必须设置缓冲间？

答：采用机械连续传输物料的，应当用正压气流保护并监测压差，不需要设置缓冲间。

◆**问题 461**：洗瓶工序，因洗瓶间比较小，将理瓶工序放到物料通道的气锁间可否？

答：不可以。

◆**问题 462**：新设计的小容量注射剂车间有非最终灭菌和最终灭菌两个品种，是否要设计两条生产线？由于产量很小，能否设计一个非最终灭菌，最终灭菌产品过程按无菌生产控制？

答：理论上可以，但实际操作难度大，成本高，不建议。

◆**问题 463**：非最终灭菌工艺生产的无菌原料药溶解过程的洁净度级别是 C 级（无菌附录中）还是 D 级？

答：非最终灭菌工艺生产的无菌原料药溶解过程的洁净度级别应为 C 级。

◆**问题 464**：滴眼剂生产洁净环境有何特殊要求吗？

答：按非最终灭菌的无菌制剂要求。

◆**问题 465**：器具清洗灭菌的灭菌室可否直接与分装间 A/B 区相连？

答：可以。

◆**问题 466**：双扉胶塞清洗后是否可以直接与分装间 A/B 区相连？

答：可以。

◆**问题 467**：轧盖间的配制品可否通过"正压保护老鼠

洞"传到中转间?

答:可以。若轧盖在B级背景下应当采用缓冲间设施,以防止涡流。

◆**问题468**:洁净度级别问题:我公司有一无菌药品(最终灭菌植入剂),生产工艺:原料药(非无菌)填充剂硅胶两端用硅橡胶黏合剂封口,最后用环氧乙烷灭菌。请问:该产品的生产在什么洁净度级别的环境下进行?在C级环境下可以吗?(注:本品为皮下植入剂。)

答:可以。

◆**问题469**:输液生产中瓶粗洗和瓶精洗之间是否要设置缓冲间?

答:不需要。现行设备多为联动线,没有必要设置缓冲。

> 【附录1 无菌药品 第十四条】高污染风险的操作宜在隔离操作器中完成。隔离操作器及其所处环境的设计,应当能够保证相应区域空气的质量达到设定标准。传输装置可设计成单门或双门,也可是同灭菌设备相连的全密封系统。
>
> 物品进出隔离操作器应当特别注意防止污染。
>
> 隔离操作器所处环境取决于其设计及应用,无菌生产的隔离操作器所处的环境至少应为D级洁净区。

◆**问题470**:主动式RABS(限制性进入隔离系统)对背景B级区气流有影响吗?

答：如果 RABS 采用侧面回风，容易对 B 级气流产生干扰，企业应该慎重采用。

> 【附录 1　无菌药品　第十六条】隔离操作器和隔离用袖管或手套系统应当进行常规监测，包括经常进行必要的检漏试验。

◆**问题 471**：如果使用隔离器无菌操作，如何防范隔离器自身的污染？

答：隔离器和手套箱等的完整性，隔离器的灭菌方法及验证等。

◆**问题 472**：对手套箱的理解，特别是 RABS 中对手套的作用不能很好的理解。

答：RABS 是屏蔽式生产，手套长度尽量短，可以使用镊子，应该有光栅限制进入。又如手套进入时，设备应该停止生产。手套的密闭性可以用压力衰减或超真空氧浓度的方法进行检测。例如：通过加压后压力的衰减程度来判断。手套箱的局限性：适合理瓶，胶塞堵塞；不适合针头泵管的安装，对于粉针剂更不适合；有很多动作，例如精密调整也不适合。所以手套安装的位置就非常重要，要符合人机工程学的研究结果。

> 【附录 1　无菌药品　第十九条】洁净区内的人数应当严加控制，检查和监督应当尽可能在无菌生产的洁净区外进行。

◆**问题 473**：洁净区（中药固体制剂中药液体制剂）的

人员密度限度为多少？

答：4～6平方米/人。

点评：主要考虑每个人的平均新风量。《采暖通风与空气调节设计规范》GB50019－2003中第3.1.9条第2款：工业建筑应保证每人不小于30 m^3/h的新风量；《医药工业洁净厂房设计规范》GB50457－2008中第9.1.3条第2款：洁净室内每人新鲜空气量不应小于40 m^3/h。

> 【附录1 无菌药品 第二十三条】应当按照操作规程更衣和洗手，尽可能减少对洁净区的污染或将污染物带入洁净区。

◆**问题474**：国内大部分企业在生产车间内使用的手消毒剂都是75%的乙醇，没有别的代替更换的消毒剂，请问长期使用是否会有某些耐受菌的产生，我们应该如何解决？

答：1、手套消毒使用75%乙醇是一种比较好的方式，因其易于挥发而且残留水平得到公认；

2、由于异丙醇的杀菌效果要比乙醇高，国外也使用异丙醇作为手套消毒剂；

3、乙醇和异丙醇这两种消毒剂，没有必要轮换，选择一种即可；

4、无论在洁净室中使用何种消毒剂，从作用机理上讲都不会产生所谓的耐药菌。比如，醇类本身就不能够杀灭芽孢微生物，这是由其作用机理决定的，因此对仅使用醇类消毒剂的环境而言，如果检出芽孢，则应该考虑设施和人员行为等因素，必要时可以更换高效的消毒剂。

【附录1 无菌药品 第二十四条】工作服及其质量应当与生产操作的要求及操作区的洁净度级别相适应,其式样和穿着方式应当能够满足保护产品和人员的要求。各洁净区的着装要求规定如下:

D级洁净区:应当将头发、胡须等相关部位遮盖。应当穿合适的工作服和鞋子或鞋套。应当采取适当措施,以避免带入洁净区外的污染物。

C级洁净区:应当将头发、胡须等相关部位遮盖,应当戴口罩。应当穿手腕处可收紧的连体服或衣裤分开的工作服,并穿适当的鞋子或鞋套。工作服应当不脱落纤维或微粒。

A/B级洁净区:应当用头罩将所有头发以及胡须等相关部位全部遮盖,头罩应当塞进衣领内,应当戴口罩以防散发飞沫,必要时戴防护目镜。应当戴经灭菌且无颗粒物(如滑石粉)散发的橡胶或塑料手套,穿经灭菌或消毒的脚套,裤腿应当塞进脚套内,袖口应当塞进手套内。工作服应为灭菌的连体工作服,不脱落纤维或微粒,并能滞留身体散发的微粒。

◆**问题475**:D级区未要求带口罩,如何理解?

答:应当佩戴口罩。

点评:在药品生产活动中"人是最大的污染源",在物料暴露的生产和接触药品的生产过程中佩戴口罩以防对物料和药品的污染。

> 【附录1　无菌药品　第二十六条】洁净区所用工作服的清洗和处理方式应当能够保证其不携带有污染物，不会污染洁净区。应当按照相关操作规程进行工作服的清洗、灭菌，洗衣间最好单独设置。

◆**问题476**：用具和无菌衣灭菌可以用同一台灭菌柜吗？

答：可以，但灭菌工艺验证应考虑混合装载方式和有效包装。如同时灭菌，应防止可能的交叉污染，也可以采用同一台灭菌柜分次灭菌。

> 【附录1　无菌药品　第三十条】应当按照气锁方式设计更衣室，使更衣的不同阶段分开，尽可能避免工作服被微生物和微粒污染。更衣室应当有足够的换气次数。更衣室后段的静态级别应当与其相应洁净区的级别相同。必要时，可将进入和离开洁净区的更衣间分开设置。一般情况下，洗手设施只能安装在更衣的第一阶段。

◆**问题477**：C、D级以及C级背景下的A级送风的人员更衣程序及更衣室能否共用？

答：不同洁净级别的更衣要求不一样，所以更衣程序不一样，更衣室设计也有区别，更衣室后段不能共用。

◆**问题478**：洁净区缓冲间的洗手设施（水龙头、干手器、消毒器）与人员数量有定量比例关系吗？比如每15人配一套洗手设施？

答：《工业企业设计卫生标准》GBZ1－2010规定，制剂车间约30~40人一个水龙头。

点评：应当根据洁净级别的不同确定比例关系，应当能够保证所有人员在规定的时间（如半小时内）进入生产区域。计算时首先要确定个人的洗消时间。

◆**问题479**：附录1无菌药品第三十条规定应当按气锁方式设计更衣室，怎么理解？是更衣的不同阶段分别都做成气锁间，还是在最后一间做成气锁间？

答：气锁是指设置于两个或数个房间之间（如不同洁净度级别的房间之间）的具有两扇或多扇门的隔离空间。设置气锁的目的是在人员或物料出入时控制气流，一般具有很高的换气次数和较短的自净时间。因此，通过保持两个区域间的压差，有效地阻止空气污染。

点评：气锁间分为人员气锁间和物料气锁间，所以更衣是气锁间的一种功能。气锁间两侧的门不应同时打开，多个房间组成的更衣系统都应按气锁方式设计。

【附录1　无菌药品　第三十三条】应当能够证明所用气流方式不会导致污染风险并有记录（如烟雾试验的录像）。

◆**问题480**：这条主要针对制药企业还是设计院？我们的理解是，应该是针对制药企业的。在GMP审查时，制药企业应向审查方提供证明所用气流方式不会导致污染风险。

答：气流模型不仅证明空调。厂房和设备等硬件设施的设计合理性，而且也是实施规范和证明操作行为的必要手段。气流方式符合生产操作的要求,是制药企业和设计院共同的目标。在 GMP 审查时,企业应向审查方证明(如烟雾试验的录像)所用气流方式不会导致污染风险。

> 【附录1 无菌药品 第三十五条】轧盖会产生大量微粒,应当设置单独的轧盖区域并设置适当的抽风装置。不单独设置轧盖区域的,应当能够证明轧盖操作对产品质量没有不利影响。

◆**问题 481**:如何理解"抽风装置"的意思?

答:轧盖间会产生大量微粒,房间回风一般不能有效地排出所有微粒,仍然会有相当多的微粒残留对轧盖间产生影响。抽风装置应该附带有集尘装置(过滤器等),防止微粒扩散对房间及净化系统的二次污染。

点评:一般情况下,轧盖设备的局部排放比房间排放效果要好很多。

> 【附录1 无菌药品 第三十六条】除传送带本身能连续灭菌(如隧道式灭菌设备)外,传送带不得在 A/B 级洁净区与低级别洁净区之间穿越。

◆**问题 482**:请问 A/C 级可否部分穿越 C 级?

答:可以。

> 【附录1 无菌药品 第三十七条】生产设备及辅助装置的设计和安装,应当尽可能便于在洁净区外进行操作、保养和维修。需灭菌的设备应当尽可能在完全装配后进行灭菌。

◆**问题483**：灌装机接触产品部件或器具如何做到无菌工艺组装和安装操作？

答：除了对操作人员的严格培训外，还应注意组装与灭菌方式。

点评：各组件应尽可能组装好，再灭菌。这种方法相对于各组件分别灭菌，再进行分别安装风险要小。但应注意灭菌效果的验证，并考虑辐照灭菌的可能性。

【附录1　无菌药品　第三十八条】无菌药品生产的洁净区空气净化系统应当保持连续运行，维持相应的洁净度级别。因故停机再次开启空气净化系统，应当进行必要的测试以确认仍能达到规定的洁净度级别要求。

◆**问题484**：这条明确提出无菌药品生产的洁净区空气净化系统应当保持连续运行，即不能停机，且还要维持相应的洁净度级别，对空调设备和系统提出了很高要求。在实际工程中怎样实现？

答：无菌药品的空调应该连续运行，维持相应的洁净度级别，温湿度也应保证。

点评：可以设两套机组，50%开启，故障时一套停，一套100%开启。因故停机，要按偏差进行处理。

◆**问题485**：空气净化系统因故短时间停止运行后重新启动是否必须进行验证或监测？

答：因故短时间停止运行后重新启动，需进行偏差处理，根据产品类型、故障原因等因素，决定是否进行验证或监测。

> 【附录1 无菌药品 第四十二条】进入无菌生产区的生产用气体（如压缩空气、氮气，但不包括可燃性气体）均应经过除菌过滤，应当定期检查除菌过滤器和呼吸过滤器的完整性。

◆**问题486**：与药品直接接触的压缩空、惰性气体如何进行相应的取样和监测？按哪种标准具体执行？

答：取样和监测要采用减压和控流的装置。与产品暴露级别洁净要求相一致。

点评：有成熟的气体取样设备，按设备要求操作取样。

> 【附录1 无菌药品 第四十三条】应当按照操作规程对洁净区进行洁净和消毒。一般情况下，所采用消毒剂的种类应当多于一种。不得用紫外线消毒替代化学消毒。应当定期进行环境监测，及时发现耐受菌株及污染情况。

◆**问题487**：2010年版GMP中，没有提及"消毒剂轮换"的说法，是否说"消毒剂可以不轮换"？

答：在无菌药品附录第四十三条中有以下规定，"一般情况下，所采用消毒剂的种类应当多于一种。"洁净室中的微生物虽然不至于对消毒剂产生耐受性，但由于消毒剂的消毒效力等级和作用机理不同，轮换使用消毒剂的做法，对洁净室微生物污染控制更为有效，并已经广泛应用于制药业的实践当中。

◆**问题488**：老师说环境消毒剂的更换周期不能随便定，要有验证支持，而我们企业目前采用的是三个月，也没有什么数据支持，我想请问这个验证需要怎么做？从哪些角度来考虑？

答：消毒剂验证分为两种：消毒剂效能测试（Antimicrobial Effectiveness Test）和模拟现场测试。

点评：针对问题中的描述可以通过回顾环境监控的结果和历史数据，如果环境控制的结果经常出现不合格或经常检出同几类菌，且确认清洁过程没有异常及其他不明原因，就说明消毒剂选择不好，消毒剂更换周期不合适。反之说明现有方式合理。具体做法可以通过监测环境微生物的数量确定，如监测频次可设置为第一周每天测试一次，一周后每周测试一次，直至微生物数量达到设定的警戒指标。如在三个月时微生物超标，考虑安全因素，可将更换周期暂定为两个月，并通过验证证明其重现性。

> 【附录1 无菌药品 第四十五条】必要时，可采用熏蒸的方法降低洁净区内卫生死角的微生物污染。

◆**问题489**：洁净区的消毒一直是困扰使用方的难题。采用何种消毒剂比较合适？

答：在选择一种消毒剂时，首先要了解消毒剂的性质，但同时也应该认识到没有一种消毒剂是完全理想的。目前大多数企业采用甲醛熏蒸的方式，缺点是，对人员的毒性大，残余量比较难测试。

点评：越来越多的企业采用过氧化氢和过氧乙酸的喷

雾方式（VHP），干雾或者蒸汽。灭菌效果可以验证，残留量容易测试。

◆**问题490**：洁净厂房大消毒已采用臭氧消毒，是否需要再增设甲醛熏蒸进行交替使用？

答：须进行验证。只要臭氧消毒能达到预期效果，则不需要增设甲醛熏蒸。

点评：如果现有消毒方式可以保证环境监控合格则无需再增设甲醛熏蒸；如果现有消毒方式无法保证环境监控合格，应考虑验证臭氧消毒和甲醛熏蒸交替使用的方式。现在一般采用双氧水喷洒等消毒灭菌方式。

> 【附录1 无菌药品 第四十七条】无菌生产工艺的验证应当包括培养基模拟灌装试验。
>
> 应当根据产品的剂型、培养基的选择性、澄清度、浓度和灭菌的适用性选择培养基。应当尽可能模拟常规的无菌生产工艺，包括所有对无菌结果有影响的关键操作，及生产中可能出现的各种干预和最差条件。
>
> 培养基模拟灌装试验的首次验证，每班次应当连续进行3次合格试验。空气净化系统、设备、生产工艺及人员重大变更后，应当重复进行培养基模拟灌装试验。培养基模拟灌装试验通常应当按照生产工艺每班次半年进行1次，每次至少一批。
>
> 培养基灌装容器的数量应当足以保证评价的有效性。批量较小的产品，培养基灌装的数量应当至少等于产品的批量。培养基模拟灌装试验的目标是零污染，应当遵循以下要求：

> （一）灌装数量少于 5000 支时，不得检出污染品。
> （二）灌装数量在 5000 至 10000 支时：
> 1. 有 1 支污染，需调查，可考虑重复试验；
> 2. 有 2 支污染，需调查后，进行再验证。
> （三）灌装数量超过 10000 支时：
> 1. 有 1 支污染，需调查；
> 2. 有 2 支污染，需调查后，进行再验证。
> （四）发生任何微生物污染时，均应当进行调查。

◆问题 491：无菌原料药培养基模拟试验是否必须做？

答： 无菌原料药参照无菌制剂管理，应该进行培养基模拟罐装验证。

点评： 并应注意以下问题：

1. 对于开放系统，企业最好选择分段式模拟方案，以利于寻找污染来源；
2. 应密切关注模拟过程中使用的抑菌溶剂和抑菌工艺条件；
3. 应根据最终成品的最大分装剂量制定验证可接受标准。

◆问题 492：培养基模拟实验中用到的培养基，要做哪些适用性检查？

答： 应考虑以下实验或以下实验的一部分：无菌性试验，促生长试验，灭菌适应性、流动性实验。溶解性实验和观察适用性等。

◆问题 493：人员在 A 级层流下，短时间、有规律的操作（如从灌装机上将灌装好半压塞的西林瓶转移到转运层流小车,从转运层流小车将半压塞的西林瓶转移到冻干机里)是否允许?

答:是否允许,取决于环境监控结果并进行培养基模拟灌装试验,关键暴露区必须设置监控探头。对于无菌操作,不是全密闭,GMP原意是不能有人直接去操作,除非是手套箱隔离了人才能进行,无菌转移需要靠先进的设施或设备去完成。无菌对接是无菌药品生产适应2010年版GMP的最难点,也是最关键点。

点评:气流模型测试、环境监控结果等有利于判断污染发生的可能性。相对于小批量生产,大规模生产中采用人员介入的方式风险更大。

> 【附录1 无菌药品 第四十八条】应当采取措施保证验证不能对生产造成不良影响。

◆**问题494**:培养皿传入无菌区,一般采用什么方式?

答:大多选择逐层脱外包的方法,在生产开始前进行。

点评:传到洁净区的设备,一是需要严格的保护设施,如培养皿用专用密闭的不绣钢桶或呼吸袋盛装培养皿;二是要有一套合理的灭菌处理方式,如擦拭(杀孢子剂)、照射(臭氧或紫外线)、汽化双氧水等;三是效果经验证,是可以从普通区传入洁净区。

> 【附录1 无菌药品 第四十九条】无菌原料药精制、无菌药品配制、直接接触药品的包装材料和器具等最终清洗、A/B级洁净区内消毒剂和清洁剂配制的用水应当符合注射用水的质量标准。

◆**问题 495**：精制、配制等最终清洗水应符合注射用水标准，是不是前一次可以使用纯化水？现在有的企业在药液配置过程中，批次间清洗引入了纯化水，先用纯化水清洗，再用注射用水清洗，如果经过验证是否可以采用这种方法？

答：如果经过验证，批次间清洗可以先用纯化水清洗，再用注射用水清洗。

> 【附录1　无菌药品　第五十五条】最终清洗后包装材料、容器和设备的处理应当避免被再次污染。

◆**问题 496**：器具清洗灭菌间、洗涤池、最终清洗池是否加装层流保护？

答：根据产品的特性，一些不易携带粒子的物品可以没有层流保护。容易携带颗粒的物品，如工作服等最好在层流下整衣。

◆**问题 497**：为了降低生物负载，清洗后待灭菌的器具是否应加A级风保护？

答：一般不需要。

◆**问题 498**：胶塞清洗存放间是否可与分装间直通？

答：一般情况下，不要直通。

点评：某些企业所用胶塞灭菌柜，在开门的热量对于B/A环境有较大影响。对于某些产量很大的企业，需要连续生产，一天当中会多次使用灭菌柜、烘箱等转运物品，这时应设置套间。

◆**问题 499**：灭完菌后的胶塞如何实现转移？

答：无菌胶塞转移有多种方式，主要取决于胶塞处理设备的选择。

例如：

1. 直接购买已清洗的胶塞，灭菌后通过呼吸袋转运；
2. 经胶塞清洗机清洗、硅化和灭菌之后通过装入无菌袋（或其他密封容器）进行转移；
3. 使用一体机（胶塞清洗、硅化、灭菌转移一体设备），并通过 RTP（Rapid Transfer Ports 快速传递接口）或 A/B 接口与隔离设施对接；
4. 使用 A 级层流车在 B 级下转运。

> 【附录1 无菌药品 第五十六条】应当尽可能缩短包装材料、容器和设备的清洗、干燥和灭菌的间隔时间以及灭菌至使用的间隔时间。应当建立规定贮存条件下的间隔时间控制标准。

◆**问题 500**：从配制到灭菌的时限，是否有规定时间？还是以验证为准？

答：无菌产品的药液从配制到灭菌的时限规定是控制药液灭菌微生物负荷的手段之一。其时限应该通过产品工艺验证数据、历史经验予以规定。并通过灭菌前微生物负荷监测的数据统计分析对其时限进行修订。

点评：产品工艺验证过程中，应通过验证的方式确定从配制到灭菌的时限，在产品年度回顾时，应通过灭菌前微生物负荷监测的数据统计分析对其时限进行修订，如果出现偏差时也应对历史数据进行回顾，如有必要，应重新进行验证。

【附录1　无菌药品　第五十九条】无菌生产所用的包装材料、容器、设备和任何其他物品都应当灭菌，并通过双扉灭菌柜进入无菌生产区，或以其他方式进入无菌生产区，但应当避免引入污染。

◆**问题501**：从灭菌烘箱（双扉）中将工具器灭菌后取出时，按现行要求，需设定B+A级，但实践中如何实现？因为需要人去开箱门取出，特别是无菌，每批工具器及内包材铝瓶等物品较多，有没有好的做法？

答：最好的保护是通过容器具的密封包装，而非控制外周环境。所以，应尽可能保证产品灭菌后的包装完整性。

点评：另外，企业应认真考虑：是否确实有必要设置干热灭菌烘箱？是否确实存在一些物品不能采用湿热灭菌方式，必须选择干热灭菌的方式？

【附录1　无菌药品　第六十条】除另有规定外，无菌药品批次划分的原则：

（一）大（小）容量注射剂以同一配液罐最终一次配制的药液所生产的均质产品为一批；同一批产品如用不同的灭菌设备或同一灭菌设备分次灭菌的，应当可以追溯；

（二）粉针剂以一批无菌原料药在同一连续生产周期内生产的均质产品为一批；

（三）冻干产品以同一批配制的药液使用同一台冻干设备在同一生产周期内生产的均质产品为一批；

（四）眼用制剂、软膏剂、乳剂和混悬剂等以同一配制罐最终一次配制所生产的均质产品为一批。

◆**问题502**：在注射剂生产厂房设计时，同一房间内是否可以放置两条洗灌封联动线？两条联动线生产的产品用同一灭菌柜灭菌是否与产品质量具有可追溯性相违背？

答：不能说不行，企业必须充分评估风险。但同一房间的说法不准确，洗和灌封分别在两个房间。根据第六十条无菌药品批次划分的原则，作为最终灭菌小容量注射剂，同一配液罐最终一次配制的药液，采用两条联动线生产的产品如用同一灭菌柜一次灭菌，产品视为一批产品，如用同一灭菌柜分次灭菌，通常采用亚批号对每一灭菌柜分别进行无菌检查。

◆**问题503**：关于冻干生产线配置的问题：如果配置一批药液，用两条灌装线灌装并分别在两台冻干机冻干，该方案是否可行？

答：可以，但是不应为同一批号。

点评：应该有程序明确规定，确保生产、检验、批号管理等信息有可追溯性。

【附录1　无菌药品　第六十一条】无菌药品应当尽可能采用加热方式进行最终灭菌，最终灭菌产品中的微生物存活概率（即无菌保证水平，SAL）不得大于6～10. 采用湿热灭菌方法进行最终灭菌的，通常标准灭菌时间 F_0 值应当大于8分钟，流通蒸汽处理不属于最终灭菌。

对热不稳定的产品，可采用无菌生产操作或过滤除菌的替代方法。

◆**问题 504**：F_0 值小于 8 的中药注射剂是非最终灭菌产品吗？

答：根据附录 1 的规定，如果 F_0 小于 8，不被认可为最终灭菌产品。应该按照非最终灭菌的工艺来要求。

【附录1 无菌药品 第六十六条】应当通过验证确认灭菌设备腔室内待灭菌产品和物品的装载方式。

◆**问题 505**：对于非最终灭菌的无菌原料药，其无菌工艺验证过程中使用培养基对设备、环境都存在较大风险，是否有其他替代方法？对于培养基模拟无菌灌装分装工艺验证，其模拟批量的确定是否有要求？

答：如果可以使用培养基，应该首选培养基。并考虑对培养基的清洁方法和验证。也可以考虑使用乳糖、甘露醇、PEG6000（Polyethylene Glycol，聚乙二醇，分子量为6000，在医药、化妆品工业生产中用作基质，起调节黏度、熔点的作用）或 PEG8000（Polyethylene Glycol，聚乙二醇，分子量为8000，在医药、化妆品工业生产中用作基质，起调节黏度、熔点的作用）等替代物，甚至使用药品中的部分辅料。但应当考虑这些替代物的抑菌性问题。对于培养基模拟无菌灌装分装工艺验证，其模拟批量选择应当考虑验证工艺的代表性。例如，如果批量过少，是否会使接触容器内壁不能全部接触验证介质，以及最差条件是否能够达到。

【附录1 无菌药品 第七十条】热力灭菌通常有湿热灭菌和干热灭菌，应当符合以下要求：

(一)在验证和生产过程中,用于监测或记录的温度探头与用于控制的温度探头应当分别设置,设置的位置应当通过验证确定。每次灭菌均应记录灭菌过程的时间-温度曲线。

采用自控和监测系统的,应当经过验证,保证符合关键工艺的要求。自控和监测系统应当能够记录系统以及工艺运行过程中出现的故障,并有操作人员监控。应当定期将独立的温度显示器的读数与灭菌过程中记录获得的图谱进行对照。

(二)可使用化学或生物指示剂监控灭菌工艺,但不得替代物理测试。

(三)应当监测每种装载方式所需升温时间,且从所有被灭菌产品或物品达到设定的灭菌温度后开始计算灭菌时间。

(四)应当有措施防止已灭菌产品或物品在冷却过程中被污染。除非能证明生产过程中可剔除任何渗漏的产品或物品,任何与产品或物品相接触的冷却用介质(液体或气体)应当经过灭菌或除菌处理。

◆**问题506**:附录1无菌药品、灭菌方法、干热灭菌判断,如何决定灭菌参数?

答:目的不同,工艺参数不同,例如灭菌与除热源的参数就有区别。

点评:针对除热原,附录1没有给出具体数值,药典给出参考值250℃,45分钟,但没有硬性要求。隧道式灭菌箱温度不宜超过350℃,时间也不宜过长。

【附录1 第七十一条】湿热灭菌应当符合以下要求：

（一）湿热灭菌工艺监测的参数应当包括灭菌时间、温度或压力。

腔室底部装有排水口的灭菌柜，必要时应当测定并记录该点在灭菌全过程中的温度数据。灭菌工艺中包括抽真空操作的，应当定期对腔室作检漏测试。

（二）除已密封的产品外，被灭菌物品应当用合适的材料适当包扎，所用材料及包扎方式应当有利于空气排放、蒸汽穿透并在灭菌后能防止污染。在规定的温度和时间内，被灭菌物品所有部位均应与灭菌介质充分接触。

◆问题507：湿热灭菌中"被灭菌物品应当用合适的材料适当包扎"的"合适的材料"如何理解？

答：应该尽量符合以下要求：

①灭菌后能不被二次污染；②灭菌开始前，非冷凝气体可以尽量排出；③灭菌过程中，蒸汽可进入包装对物品进行灭菌；④不会对冷凝水的排放造成不利影响。

【附录1 无菌药品 第七十五条】非最终灭菌产品的过滤除菌应当符合以下要求：

（一）可最终灭菌的产品不得以过滤除菌工艺替代最终灭菌工艺。如果药品不能在其最终包装容器中灭菌，可用 0.22μm（更小或相同过滤效力）的除菌过滤器将药液滤入预先灭菌的容器内。由于除菌过滤器不能将病毒或支原体全部滤除，可采用热处理方法来弥补除菌过滤的不足。

（二）应当采取措施降低过滤除菌的风险。宜安装第二只已灭菌的除菌过滤器再次过滤药液，最终的除菌过滤器应当尽可能接近灌装点。

（三）除菌过滤器使用后，必须采用适当的方法立即对其完整性进行检查并记录。常用的方法有起泡点试验、扩散流试验或压力保持试验。

（四）过滤除菌工艺应当经过验证，验证中应当确定过滤一定量药液所需时间及过滤器两侧的压力。任何明显偏离正常时间或压力的情况应当有记录并进行调查，调查结果应当归入批记录。

（五）同一规格和型号的除菌过滤器使用时限应当经过验证，一般不得超过一个工作日。

◆问题508：宜安装第二只已灭菌的除菌过滤器再次过滤药液，最终的除菌过滤器应当尽可能接近灌装。是否可以这样理解：除菌过滤工艺即使经过验证，除菌过滤也有风险？那么安装第二只就没有风险？我认为照规范理解也有风险，是不是还要安装第三、四只呢？

答：因为安装和使用过程中的风险，即使经过除菌过滤验证，过滤过程仍然被视为高风险工艺。完整性与二级无菌过滤是两个不同概念，加二级过滤，保证过滤效果：一是对一级过滤起到保险，减少对第二只过滤器的压力，提高过滤效率，并且可预防第一只过滤器发生破损时对产品的影响；二是一级过滤后的管道微生物在第二级过滤掉（为什么要靠近的理由），保险不能无限延伸；但过滤器过多（如安装第三、四只）反而又增加了过滤器自身析出物，不但降低过滤压力和效率，还容易对产品造成污染。

点评：是否安装第二只过滤器，甚至更多级过滤器取决于多个因素。

1. 过滤工艺风险，例如：产品的特性、过滤参数、系统的复杂性、安装使用过程等；
2. 由于产品价值差异，不同企业对于过滤失败而造成产品报废的容忍度不同。

◆**问题509**：无菌制剂生产时，除菌过滤用 $0.22\mu m$ 的滤膜，但按药典要求进行无菌检查时，使用的滤膜为 $0.45\mu m$，请问这是为什么？

答：两者考虑的因素不同。生产中使用的滤膜，截留的微生物越多越好，而无菌检查中，希望培养基上长出的可见的微生物越多越好。

◆**问题510**：对于无菌药品生产采用除菌过滤工艺的生产，是否必须是双级过滤？是否要冗余过滤？对于非最终灭菌的制剂，是否可以反复过滤？

答：建议使用冗余过滤而非必须，无菌制剂一般不允许反复过滤。对最终灭菌的产品，可根据药液微生物污染水平设置过滤器个数，必要时可进行冗余过滤；对非最终灭菌的产品，建议进行双级过滤。

◆**问题511**：在除菌工艺相关条款中规定同一规格和型号的除菌过滤器使用时限应当经过验证，一般不得超过一个工作日。条款中的"时限"是对过滤时长的规定，还是对反复使用的规定？

答：本条款并未明确涉及过滤器的重复使用问题。这里的时限更多地被理解成工艺过滤时间。

点评：对于无菌产品工艺中的关键除菌过滤器，建议一次性使用。理由：①除菌过滤器重复使用存在较大风险，除菌过滤的滤膜属于多孔状物质，使用、清洗、灭菌和保存过程中存在微生物、热原、产品降解杂质等多方面风险；②重复使用的过程也很难进行充分验证。

◆**问题512**：用同一规格和型号的除菌过滤器使用时限应当经过验证，一般不得超过一个工作日。通过完整性测试验证合格后，是否可以延长使用周期？如果能可延长的标准如何界定？

答：首先，完整性测试不是验证。过滤器验证一般指兼容性、析出物、吸附、微生物截留等；其次，完整性测试合格不代表微生物不能穿透。在某些情况下，完整性测试合格，微生物仍然可以穿过过滤器，进入下游；第三，最长使用时间应该由相关验证来证实，例如：兼容性、析出物、吸附、微生物截留等都与过滤时间相关联。

> 【附录1 无菌药品 第七十六条】小瓶压塞后应当尽快完成轧盖，轧盖前离开无菌操作区或房间的，应当采取适当措施防止产品受到污染。

◆**问题513**：非最终灭菌注射剂用的铝盖是否必须灭菌？灭菌时是否可以采用呼吸袋包装灭菌后在B级转运？

答：要视轧盖的方法而定，B+A环境下轧盖，铝盖必须灭菌；如果在无菌区外轧盖（例如在A/C，A/D区域），可以不灭菌。在A/B区域轧盖的情况，可以采用呼吸袋包装灭菌的方式。

【附录 1　无菌药品　第七十八条】在抽真空状态下密封的产品包装容器，应当在预先确定的适当时间后，检查其真空度。

◆**问题 514**：真空状态下密封的产品，检查真空度，是否需要每批都检？

答：不需要每批都检。

【附录 1　无菌药品　第八十条】无菌检查的取样计划应当根据风险评估的结果制定，样品应当包括微生物污染风险最大的产品。无菌检查样品的取样至少应当符合以下要求：
（二）最终灭菌产品应当从可能的灭菌冷点处取样；

◆**问题 515**：关于"无菌"取样，已对灭菌柜做了验证，知道灭菌柜的最冷点所在，并在此处放置生物指示剂做了相应的验证，那么请问在日常检测时，是在最冷点处取样做无菌检测，还是随机取样做检测？

答：随机取样，其中应包括在最冷点处取样做无菌检测。

附录 2 原料药

> 【附录2 原料药 第三条】非无菌原料药精制、干燥、粉碎、包装等生产操作的暴露环境应当按照D级洁净区的要求设置。

◆**问题516**：原料药有4步纯化步骤，前3步在准清洁室，最后1步在洁净区，是否合适（准洁净室比洁净区控制要低，比合成区控制要高）？

答：可以。

点评：活性物质经过最终纯化（精制工序）即完成了所有的化学工艺过程，也即基本确定了原料药的化学质量指标。如问题所示，当有多步纯化时，最后一步纯化前，尚未达到预定的质量要求，不必在洁净室内实施。为控制产品污染，前几步采用"准洁净室"的控制措施是适当的。

> 【附录2 原料药 第十五条】应当对每批物料至少做一项鉴别试验。如原料药生产企业有供应商审计系统时，供应商的检验报告可以用来替代其他项目的测试。

◆**问题517**：已对供应商进行审计，是否可以直接采用供应商报告（鉴别自己做）？

答：鉴别可以自己做，供应商的检验报告可以用来替代其他项目的测试。

点评：药品生产企业建立的物料入厂检验放行程序应考虑对物料质量控制的有效性，结合物料对产品质量的影响程度、供应商审计效果、供应商的服务质量等信息综合评定，确定不同物料入厂检验、放行的操作程序。通常情况下，企业不应首选只进行鉴别实验。如通过评估已确定入厂只做鉴别实验，其他项目测试采用供应商报告代替，则企业最好定期（按时间或批次数）进行规定的其他项目检验，以确保投入生产的物料达到规定的质量要求。

> 【附录2 原料药 第十六条】工艺助剂、有害或有剧毒的原料、其他特殊物料或转移到本企业另一生产场地的物料可以免检，但必须取得供应商的检验报告，且检验报告显示这些物料符合规定的质量标准，还应当对其容器、标签和批号进行目检予以确认。免检应当说明理由并有正式记录。

◆**问题518**：化学原料药合成过程中可能会有多种溶剂，用量大、品种多，但不直接参与化学反应（仅仅作为溶剂，为什么按原辅料处理），本人觉得没必要要求这么严格。

答：考虑原料药生产过程中的特殊情况，有关原料药生产中所使用物料应按照附录2第四章相关规定执行。化学原料药合成过程中使用的多种溶剂应按原料药的原料的管理要求进行管理。

点评：溶剂本身的质量也需控制以确保不会因溶剂的原因给原料药质量带来影响，例如：溶剂带来的杂质可能使产品产生现有分析方法无法检测出的未知杂质或异物。

> 【附录2 原料药 第二十九条】生产的中间控制和取样：
> （一）应当综合考虑所生产原料药的特性、反应类

型、工艺步骤对产品质量影响的大小等因素来确定控制标准、检验类型和范围。前期生产的中间控制严格程度可较低，越接近最终工序（如分离和纯化），中间控制越严格。

（二）有资质的生产部门人员可进行中间控制，并可在质量管理部门事先批准的范围内对生产操作进行必要的调整。在调整过程中发生的中间控制检验结果超标通常不需要进行调查。

（三）应当制定操作规程，详细规定中间产品和原料药的取样方法。

（四）应当按照操作规程进行取样，取样后样品密封完好，防止所取的中间产品和原料药样品被污染。

◆**问题519**：原料药中间体的放行谁负责？中间体的质量控制可否定期按照标准全检，日常检测关键项目如水分、含量等？

答：中间体放行可以由质量保证部门的专人负责；中间体检验必须按照企业制订的质量标准进行全检。

点评：企业应当依据药品 GMP 的要求，结合产品特性、企业的组织管理模式，建立企业针对性的产品、物料、中间体放行程序，确定产品、物料、中间体的放行负责人，并明确规定此类人员的资质、能力要求。企业应当根据自身产品的特性及工艺要求，并经过充分验证，制订切实可行的中间体质量标准（包括取样及检验方法等内容），此标准应当符合药品研制中已确定的中间体标准。已经批准的中间体检验标准，企业必须遵照执行，不得随意删减项目。企业在生产、质量管理的技术更新与提升中，也可以对原有的中间控制标准在充分验证后进行变更。变更如涉及注册工艺与标准事项,应按照《药品注册管理办法》的相关要求执行。

◆**问题520**:非无菌原料药(用于口服固体制剂)生产时,环境检测可否不必每次都监测微生物项目,环境温湿度范围?工厂可否根据产品情况自行制订?

答:在洁净级别、空调净化系统验证或确认时,企业应按照GMP或相关文件要求进行检查。同时,企业应根据质量风险管理的原则设计日常监测的项目、标准、频次,以确保系统的有效运行;企业可以根据自身的产品情况制订适合的温湿度控制范围。

点评:对于D级环境的微生物监测,企业应根据质量风险管理的原则,结合自身的产品特点、空调系统净化能力、人员、物料、设备污染控制水平,制订微生物监测要求,确定监测项目、频次及指标。对于某些口服固体制剂(如口腔贴片、阴道片、外用可溶片等局部用药),药典中有明确的微生物限度要求,其所用原料也需要达到一定微生物限度控制指标,因而不能因为企业生产非无菌原料药就降低对原料药生产环境的微生物监控。2010年版药品GMP第四十二条规定:"厂房应当有适当的照明、温度、湿度和通风",企业可以结合产品、工艺特点,以及相关法规要求,制订适合的温湿度控制范围,其结果应当确保生产和贮存的产品质量以及相关设备性能不会直接或间接受到影响。

◆**问题521**:关于筛选后不同目数的但同一批次的原料药是否需要分目数规格分别进行取样和检验?

答： 如企业同一原料药有不同目数的要求，应分别设立亚批号，并按照不同的亚批次进行取样、检验、放行。

点评： 对于多数固体制剂药品生产，所用不同目数的原料药，可能会带来药品吸收与分布的差异，因而粒度分布也是原料药的关键质量指标之一。为确保药品质量的稳定性、均一性，应对不同目数的同一批次原料药分别编制亚批号，按照亚批号进行取样、检验、放行，以保证其可追溯性。亚批号的检验项目可以根据亚批号的具体加工过程对产品质量的影响程度来确定，即通过评估，预先规定只对亚批号加工过程可能带来影响的质量指标进行检验，其他项目引用整批号的检验结果。

> **【附录2　原料药　第三十一条】** 原料药或中间产品的混合：
>
> （一）本条中的混合指将符合同一质量标准的原料药或中间产品合并，以得到均一产品的工艺过程。将来自同一批次的各部分产品（如同一结晶批号的中间产品分数次离心）在生产中进行合并，或将几个批次的中间产品合并在一起作进一步加工，可作为生产工艺的组成部分，不视为混合。
>
> （二）不得将不合格批次与其他合格批次混合。
>
> （三）拟混合的每批产品均应当按照规定的工艺生产、单独检验，并符合相应的质量标准。
>
> （四）混合操作可包括：
>
> 1. 将数个小批次混合以增加批量；
>
> 2. 将同一原料药的多批零头产品混合成为一个批次。
>
> （五）混合过程应当加以控制并有完整记录，混合

后的批次应当进行检验,确认其符合质量标准。

(六)混合的批记录应当能够追溯到参与混合的每个单独批次。

(七)物理性质至关重要的原料药(如用于口服固体制剂或混悬剂的原料药),其混合工艺应当进行验证,验证包括证明混合批次的质量均一性及对关键特性(如粒径分布、松密度和堆密度)的检测。

(八)混合可能对产品的稳定性产生不利影响的,应当对最终混合的批次进行稳定性考察。

(九)混合批次的有效期应当根据参与混合的最早批次产品的生产日期确定。

◆**问题 522**:可混合的批数是否有限制?

答:规范并未限定混合的批次。原料药或中间产品的混合未限定混合的批次,但应以一次混合为一批,不可以多次混合为一批。

点评:原料药生产企业在采用混合的生产操作时,应考虑混合批次过多是否会带来产品质量的风险(如对产品杂质、溶剂残留、粒径变化等项目的影响),同时原料药混合批产品需要按照参与混合的最早批次产品的生产日期确定有效期,这样会缩短产品的市场效期。企业应当综合产品质量风险以及是否便于生产管理,经过充分评估后确定具体的执行方法。

◆**问题 523**:原料药、中间品、待包装产品或成品的尾料(零头)应如何处理?

答:零头可按预定要求加入下一批号继续使用,也可多个批号的零头混合作为一批使用，此部分零头的使用均需符合"回收"的相关要求。

点评：对于连续生产工艺，企业应当根据产品的质量特性、批间质量指标的一致性以及尾料的质量一致性，经过预先验证，确定尾料的合并使用方法（如数量限制）。在实际生产中，待前批生产结束，经"小清场"后，即可直接开始下一批号产品生产，此时企业还应根据产品、工艺、设备情况尽力降低尾料在全批量产品中所占比例。对于非连续生产工艺，所产生的合格的尾料（零头）可按照2010年版GMP第六章第七节中要求按照回收进行处理。

◆**问题524**：在原料药生产中，最后成品包装时剩余的少量成品（如0.1~0.5 kg）该如何处理？是跟下一批混批处理，还是做零头销毁处理？或是车间留样做实验研发使用？

答：都可以。

点评：企业无论采取何种方法处理，均应按照预先批准的文件执行，并记录其处理过程。如企业决定将零头加入下一批次应按照回收的原则处理；如销毁应当按产品销毁相关程序执行；如转做研发使用，也应符合研发的相关要求，要有正式的文件规定其管理过程，并进行记录。

◆**问题525**：原料药生产日期是以活性成分生成之时定还是以进入洁净区精制工序溶解投料日期为准？

答：推荐以精制工序投料日期确定生产日期。

点评：在原料药的生产过程中，当活性成分生成之时还会带有大量杂质，需要通过一步或多次精制才能达到原料药的基本质量指标（如晶型、纯度、残留等）要求，因而，原料药应以最后一步精制工序开始日期（投料日期）确定生产日期。

◆**问题526**：拟混合每批原料药质量控制标准是否可以与混合后的上一批标准不一致？也就是说混合前仅控制质量风险大的测试项目，如：含量、干燥失重、熔点、有关物质，混合后除控制上述项目外，还做鉴别、残留溶剂及微生物控制吗？

答：企业应保证混合前的每批待混合产品必须是合格产品。

点评：附录2第三十一条第二、三款明确规定："不得将不合格批次与其他合格批次混合""拟混合的每批产品均应当按照规定的工艺生产、单独检验，并符合相应质量标准"。因此，企业制订的混合前后产品标准及检验或控制程序必须保证每一个待混合批次产品均能达到最终产品的质量要求。

◆**问题527**：原料药以最后混合定批号，是否可以混合生产的多批产品为一批？零头是否可以混入下批？有效期如何界定？

答：1、原料药可以多批产品混合为一批，此时应以混合批生产日期最早的批次确定生产日期。

2、零头混入下批是以零头的日期为生产日期。

【附录2 原料药 第三十三条】污染的控制
(二) 生产操作应当能够防止中间产品或原料药被其他物料污染。
(三) 原料药精制后的操作,应当特别注意防止污染。

◆**问题528**:原料药的内包称量(洁净区)是否需要在单独房间进行?

答:不一定。要有防止污染、交叉污染措施。如分装"三合一"设备:粉碎、过筛、称量分装在密闭系统内完成。

点评:原料药的"精、烘、包"工序一般在洁净区不同房间完成,包装工序的原料药已经是最终产品,包装工序应在单独的房间进行,防止交叉污染。

【附录2 原料药 第三十八条】物料和溶剂的回收:
(一) 回收反应物、中间产品或原料药(如从母液或滤液中回收),应当有经批准的回收操作规程,且回收的物料或产品符合与预定用途相适应的质量标准。
(二) 溶剂可以回收。回收的溶剂在同品种相同或不同的工艺步骤中重新使用的,应当对回收过程进行控制和监测,确保回收的溶剂符合适当的质量标准。回收的溶剂用于其他品种的,应当证明不会对产品质量有不利影响。
(三) 未使用过和回收的溶剂混合时,应当有足够的数据表明其对生产工艺的适用性。
(四) 回收的母液和溶剂以及其他回收物料的回收与使用,应当有完整、可追溯的记录,并定期检测杂质。

◆**问题529**："回收溶剂的质量标准"是否必须与新溶剂一致，还是可以宽于新溶剂？

答：回收溶剂的标准不必一定与新溶剂完全一致，但必须不影响产品的质量。

点评：关于回收溶剂的质量标准，企业应根据生产工艺要求，以不影响产品的质量指标（如鉴别、含量、纯度、残留等）、经济指标（收率）为前提，并经过充分验证，制定有效、可控的回收溶剂质量标准。回收溶剂的标准通常包括物理学指标和化学指标，根据品种、工艺的不同还可能包括生物学指标等。回收溶剂往往会引起杂质富集的问题，因此，当回收溶剂用于不同品种的生产时，应特别注意对不同产品可能引入的杂质混入，此时应考虑对回收溶剂进行针对性杂质检查与控制。

◆**问题530**：溶剂回收是否只需符合溶剂的质量标准即可？是否需要验证套用？

答：企业必须制订回收溶剂的质量标准及套用的方法，套用的方法应经过验证确定。

点评：溶剂回收套用应制订相应的管理程序，回收溶剂标准可以参照新溶剂的标准。回收溶剂的标准也可以不与新溶剂标准完全一致，但必须不影响产品的质量。当回收溶剂用于不同产品生产时，可能需要增加特殊的杂质检查项目，以防多次回收引起的杂质富集，对不同产品带来不必要的杂质污染。企业应对溶剂回收套用方法（套用量、套用次数等）、回收溶剂的标准，对产品质量、收率的影响程度进行验证，此类验证还需考虑溶剂回收套用的最差条件。

◆**问题 531**：血液制品企业采用乙醇，经酒精回收塔精制后反复使用，应当如何管理？能否长期循环使用？回收后的乙醇有没有有效期？

答：企业应建立回收乙醇管理制度，根据血液产品工艺及质量要求，建立回收乙醇的质量标准及控制方法，回收后的乙醇不能长期循环使用，应通过验证确定其有效期。

点评：在血液制品的生产中，使用乙醇通常起到分离组分、杀灭细菌病毒的作用，由于企业生产采用的血浆来源区域或批次不同，血浆组分会有差异，在乙醇的回收使用中可能会带来杂质富集，进而影响产品质量。因此，企业应考虑所生产产品的具体质量要求，制订回收乙醇的质量标准（如回收乙醇中的病毒残留等），在实际生产中对回收乙醇质量进行监控，通过预先设定的质量指标评估确定回收乙醇的使用周期，降低产品的质量风险。

> 【附录 2 原料药 第三十九条】原料药质量标准应当包括对杂质的控制（如有机杂质、无机杂质、残留溶剂）。原料药有微生物或细菌内毒素控制要求的，还应当制定相应的限度标准。

◆**问题 532**：原料药微生物限度检查有无统一标准？原料药厂在原料药出厂时有进行微生物检测的，也有不进行微生物检测的。

答：按批准的国家标准或《中国药典》各部执行，其他无明确要求。企业可以依据相应的产品特性，即客户的要求，制订原料药微生物限度检查控制要求。

附录 3　生物制品

> 【附录3 生物制品 第二十九条】洁净区内设置的冷库和恒温室，应当采取有效的隔离和防止污染的措施，避免对生产区造成污染

◆**问题533**：冷库和恒温室内的环境是否需满足相应的洁净级别？

答：冷库或恒温室可分成贮存用和操作用两种用途，前者可以没有通风，后者要有洁净通风，尤其是新风。

点评：某些特殊产品生产（如生物制品、中药注射剂）中可能需要在洁净区内配备冷库、低温操作室（区）、恒温室，此类区域如有产品暴露操作，应符合相应工艺阶段的洁净要求，配备专门设计的净化空调系统。如无暴露操作，可不做洁净设计，但此类区域与洁净生产区之间往往有较大的温差，在开门时易形成对流，从而影响洁净生产区，此时可通过设立气锁间的方式降低对洁净生产区污染的可能性。

附录 4　血液制品

【附录4 血液制品 第十四条】生物制品的生产操作应当在符合下表中规定的相应级别的洁净区内进行，未列出的操作可参照下表在适当级别的洁净区内进行：

洁净度级别	生物制品生产操作示例
B级背景下的局部A级	附录一无菌药品中非最终灭菌产品规定的各工序灌装前不经除菌过滤的制品其配制、合并等
C级	体外免疫诊断试剂的阳性血清的分装、抗原与抗体的分装
D级	原料血浆的合并、组分分离、分装前的巴氏消毒口服制剂其发酵培养密闭系统环境（暴露部分需无菌操作） 酶联免疫吸附试剂等体外免疫试剂的配液、分装、干燥、内包装

◆问题534：融浆区，血浆破袋的操作是否需要A级保护？融浆区环境的动态指标有哪些？需监控哪些参数？

答：血浆破袋的操作区域不需要A级保护，D级区域进行即可，见附录血液制品部分；融浆区环境的动态指标按照D级要求进行。

【附录4 血液制品 第十六条】灭活疫苗（包括基因重组疫苗）、类毒素和细菌提取物等产品灭活后，可交替使用同一灌装间和灌装、冻干设施。每次分装后，应当采取充分的去污染措施，必要时应当进行灭菌和清洗。

◆问题535：血液制品的丙球生产过程中有两次病毒灭活，例如巴氏灭活＋低pH值放解法，这两步灭活过程是否可以放在同一生产区域，还是必须分隔成两个区域，单独的空调系统和人、物流？若两步病毒灭活步骤为低PH

值放孵法+纳米膜过滤，又如何分区？

答： 不能放在同一区域，因每一步病毒灭活操作所灭活病毒种类都有针对性，因此需区分相对病毒灭活前后区域以及操作，空调、人流、物流应分开。若是低PH值放孵法+纳米膜过滤，应当考虑纳米膜过滤工序所在位置，考虑是否分区进行。

附录 5 中药制剂

附录 5 针灸歌赋

【附录5 中药制剂 第八条】中药材和中药饮片的取样、筛选、称重、粉碎、混合等操作易产生粉尘的,应当采取有效措施,以控制粉尘扩散,避免污染和交叉污染,如安装捕尘设备、排风设施或设置专用厂房(操作间)等。

◆**问题536**:中药材前处理车间烘干、粉碎工序是否必须设置独立的称量间?

答:不一定。特别注意直接入药的中药饮片粉碎后的称量,免受其他物料或产品的污染。

【附录5 中药制剂 第十一条】中药提取、浓缩、收膏工序宜采用密闭系统进行操作,并在线进行清洁,以防止污染和交叉污染。采用密闭系统生产的,其操作环境可在非洁净区;采用敞口方式生产的,其操作环境应当与其制剂配制操作区的洁净度级别相适应。

◆**问题537**:浸膏的干燥可否在非洁净区?

答:不可以,除非是密闭的。

点评:通常中药提取后的收膏操作是非密闭的,从此步骤开始均应在与制剂相应的洁净环境中进行生产,以防止污染及交叉污染。除非使用全密闭干燥设施,并能够进行在线清洗,且需经过验证,否则浸膏干燥必须在洁净区进行,此时还应注意采取适当措施降低或避免干燥过程及相关操作可能带来的粉尘污染。

◆**问题538**:"中药提取、浓缩、收膏工序宜采用密闭系统进行操作",这里提到的"工序"包括醇沉、水沉等工序过程吗?这些工序过程中也有浓缩、收膏过程。

答:包括。

点评:对于中药制剂,其提取物生产无论采用何种工艺过程均应首选密闭生产系统进行操作,并进行在线清洗。如果不能采用密闭系统生产,则其生产环境应设置成与制剂生产相适应的洁净级别。

◆**问题539:**中药提取物的挥发油在一般区收集,必须保证洁净环境吗?用无菌瓶盛装是否可行?注射用水的取样不是也在一般区吗?

答:应当与收取浸膏的环境要求相同。

点评:注射用水的取样一般先用酒精喷壶对取样点消毒,在喷射的过程中也对周围环境进行了消毒,然后直接用容器贴近取样点取样,样品有保障,与你所述的情况不同。

【附录5 中药制剂 第十三条】浸膏的配料、粉碎、过筛、混合等操作,其洁净度级别应当与其制剂配制操作区的洁净度级别一致。中药饮片经粉碎、过筛、混合后直接入药的,上述操作的厂房应当能够密闭,有良好的通风、除尘等设施,人员、物料进出及生产操作应当参照洁净区管理。

◆**问题540:**直接入药的中药饮片粉碎可否设置在不同粉碎设备的浸膏粉碎生产区域里?

答:不可以。直接入药的中药饮片粉碎的环境要求为参照洁净区管理，浸膏粉碎应在 D 级洁净区进行，直接入药的中药饮片粉碎在浸膏粉碎生产区进行，即使用不同粉碎设备也易造成交叉污染。

◆**问题 541**：硬膏剂（黑膏药）生产车间是否有洁净级别要求？可否按洁净区管理？

答：考虑到硬膏剂（黑膏药）生产车间的特殊性，可以参照洁净区管理。

【附录 5　中药制剂　第十四条】中药注射剂浓配前的精制工序应当至少在 D 级洁净区内完成。

◆**问题 542**：精制工序具体指哪些工序？包括醇沉、水沉吗？

答：浓配前的最终处理。

点评：依据不同产品的工艺要求，具体的精制工序可能有所不同。对于某些产品其精制工序可能包括如活性炭脱色、超滤、精密过滤、冷藏静置等。通常中药提取的工艺过程中，醇沉或水沉后还需要浓缩，此时醇沉、水沉不定义为精制工序。

【附录 5　中药制剂　第二十一条】仓库内应当配备适当的设施，并采取有效措施，保证中药材和中药饮片、中药提取物以及中药制剂按照法定标准的规定贮存，符合其温、湿度或照度的特殊要求，并进行监控。

◆**问题 543**：中药材贮存要求的"干燥"的湿度范围是多少？

答：根据品种的要求，通常情况下，推荐"干燥"的湿度范围为60%～70%。

【附录5　中药制剂　第二十五条】应当对从中药材的前处理到中药提取物整个生产过程中的生产、卫生和质量管理情况进行记录，并符合下列要求：

（一）当几个批号的中药材和中药饮片混合投料时，应当记录本次投料所用每批中药材和中药饮片的批号和数量。

（二）中药提取各生产工序的操作至少应当有以下记录：

1. 中药材和中药饮片名称、批号、投料量及监督投料记录；

2. 提取工艺的设备编号、相关溶剂、浸泡时间、升温时间、提取时间、提取温度、提取次数、溶剂回收等记录；

3. 浓缩和干燥工艺的设备编号、温度、浸膏干燥时间、浸膏数量记录；

4. 精制工艺的设备编号、溶剂使用情况、精制条件、收率等记录；

5. 其他工序的生产操作记录；

6. 中药材和中药饮片废渣处理的记录。

◆**问题544：**中药材的废渣处理记录应该包括哪些内容？

答：废渣种类、数量、处理方式和去向、操作人员等。

点评：中药生产企业的废渣也应进行有效管理，以降低生产过程差错的产生,废渣的处理记录还应按照生产批次(罐次)分别记录废渣数量。从环保、健康管理的角度,企业产生的废渣也应进行管理,此时记录废渣种类、数量、处理方式和去向即可。

【附录5 中药制剂 第二十七条】中药注射剂所需的原药材应当由企业采购并自行加工处理。

◆问题545:处方中的浸膏是实行批准文号管理的,我公司有中药提取的GMP证书,但无所需浸膏的药品注册批件,是否必须购买有批准文号的供应商生产的浸膏,不能自行提取使用吗?

答:可以自己提取。

点评:对于此类问题,关键是要从企业的注册申报工艺看,如申报工艺是从中药饮片提取开始,则无论浸膏是否试行批准文号管理,都必须自行进行提取;如申报工艺从浸膏开始,则两者都可,但外购提取物应与注册申报供应商一致,否则应按变更主原料供应商提出补充申请,获得批准后方可正式变更提取物供应商。

【第三十八条】对使用的每种中药材和中药饮片应当根据其特性和贮存条件,规定贮存期限和复验期。

◆问题546:每种中药材是否都要制订保存期和复验期吗?

答:是。

点评:附录5中药制剂第三十八条明确规定:"对使用

的每种中药材和中药饮片应当根据其特性和贮存条件，规定贮存期和复验期"。药品生产企业应根据所用药材或饮片的质量特性、贮存条件，通过稳定性试验评估确定适合的贮存期、复验期。对于质量相对不稳定的中药材，贮存期及复验期应适当缩短，而对非常稳定的中药材（如矿物类自然铜等）可以适当延长贮存期和复验期。

> 【附录5 中药制剂 第三十三条】中药材和中药饮片的质量应当符合国家药品标准及省（自治区、直辖市）中药材标准和中药炮制规范，并在现有技术条件下，根据对中药制剂质量的影响程度，在相关的质量标准中增加必要的质量控制项目。

◆**问题547**：自己炮制的饮片用于提取时，是否应严格按照《药典》要求进行？比如水分、厚度、长度等。

答：饮片规格不一定与药典的规定一致，其他应一致。

点评：在药典凡例第三十二条规定：……制剂中使用的饮片规格，应符合相应品种实际工艺的要求……在炮制通则中规定：药材凡经净制、切制或炮炙等处理后，均称为"饮片"。只要自己炮制的饮片符合该品种的实际工艺的要求即可。

◆**问题548**：如中药材含量偏低，但符合药典要求，也可增加投料吗？

答：不可以。

点评：由于中药产品的特殊性，不能认定含量就代表了药物的有效性，中药制剂的质量标准包含了处方、制备工艺、成品质量要求三个方面，因此中药制剂生产必须按处方投料。在企业实际生产过程中为控制产品含量指标的稳定性，可以通过制订药材内控标准的方法，对于过低含量的药材不予投料生产，从而降低成品相应指标的波动性，但绝不允许变更投料的处方。

◆**问题549**：中药制剂生产企业前处理后的中药材，是否必须制订质量标准，并经质量管理部门检验？

答：前处理后的中药材即中药饮片，必须制定质量标准，并经质量管理部门检验。

点评：附录5中药制剂第三十三、三十四条规定了中药材和中药饮片的质量标准要求。企业必须对每一味中药材和中药饮片制订质量标准，其标准除符合相应的法定要求外，还应当根据其对中药制剂质量的影响程度，增加必要的质量控制项目和指标。对于已经确定的质量标准，企业应由质量管理部门进行检验判定是否符合相关要求。

【附录5 中药制剂 第三十四条】中药材和中药饮片的质量控制项目应当至少包括：

（一）鉴别；

（二）中药材和中药饮片中所含有关成分的定性或定量指标；

（三）已粉碎生药的粒度检查；

（四）直接入药的中药粉末入药前的微生物限度检查；

（五）外购的中药饮片可增加相应原药材的检验项目；

（六）国家药品标准及省（自治区、直辖市）中药材标准和中药炮制规范中包含的其它检验项目。

◆**问题550**：在中药提取物的生产质量管理中，成品标准中对某项指标的含量要求为"A≥18%"，那么是否要求上限？在中间控制中的中控标准如何制订？标准化提取物的生产是否支持一定范围内的混配操作？

答：如标准规定为"A≥18%"，则无上限要求。企业可根据自身产品的特点，如为中药注射剂，应当根据实际生产质量控制结果，制订适合的警戒限、纠偏限，对超出常规的含量波动进行质量追踪分析、调查，直至采取纠偏措施。在实际生产中，企业应当根据选用药材情况、提取工艺控制情况、工艺技术及产品质量要求制订合理的中控指标。标准化提取物的生产也应当首先考虑符合《中国药典》及注册批准的处方、工艺、质量标准的相关要求。在此前提下，为更好地控制制剂产品质量的稳定性，企业可以采用一定范围内混配操作的方法，但须预先获得注册工艺批准。即使采取混配操作，企业仍应对药材、提取工艺、中间体标准进行严格控制，不可因采用混配操作方法而降低对前工序的控制。

◆**问题551**：中药材供应商很多时候都没有检验报告，如何处理？

答：如采购中药材可以不提供，但企业应进行入厂检验。如采购中药饮片，必须有检验报告。

点评：大部分中药生产企业采购中药有两种来源：一是直接从药材产地采购自农户或农产商，此时企业无法取得所需的检验报告。作为采购方，药品生产企业必须严格按照《中国药典》相应药材质量标准进行入厂检验，合格后方可按照相应饮片制备方法制备成饮片后再进行中药制剂的生产；二是中药制剂生产企业从中药饮片生产厂直接采购制备好的饮片，此时，采购的每批中药饮片必须有饮片生产商的出厂检验报告。

> 【附录5 中药制剂 第四十条】每批中药材或中药饮片应当留样，留样量至少能满足鉴别的需要，留样时间应当有规定；用于中药注射剂的中药材或中药饮片的留样，应当保存至使用该批中药材或中药饮片生产的最后一批制剂产品放行后一年。

◆问题552：规范要求原辅料要留样至产品放行后三年，而后面附录中药制剂（第四十条中"应当保存至使用该批中药材或中药饮片生产的最后一批制剂产品放行后一年"）对中药材又另有规定，怎么操作？

答：原辅料要留样至产品放行后两年，中药材和中药饮片的留样按附录五第四十条执行。